ŒUVRES

DE

SAINT-SIMON & D'ENFANTIN

PUBLIÉES PAR LES MEMBRES DU CONSEIL

INSTITUÉ PAR ENFANTIN

POUR L'EXÉCUTION DE SES DERNIÈRES VOLONTÉS

ET

PRÉCÉDÉES DE DEUX

NOTICES HISTORIQUES

TRENTE-SIXIÈME VOLUME DE LA COLLECTION GÉNÉRALE

ŒUVRES D'ENFANTIN

SEIZIÈME VOLUME

PARIS

E. DENTU, ÉDITEUR

LIBRAIRE DE LA SOCIÉTÉ DES GENS DE LETTRES

PALAIS-ROYAL, 17 ET 19, GALERIE D'ORLÉANS

1874

ŒUVRES

DE

SAINT-SIMON & D'ENFANTIN

PRÉCÉDÉES DE DEUX NOTICES HISTORIQUES

XXXVIe VOLUME

ŒUVRES

D'ENFANTIN

PUBLIÉES PAR LES MEMBRES DU CONSEIL

INSTITUÉ PAR ENFANTIN

POUR L'EXÉCUTION DE SES DERNIÈRES VOLONTÉS

SEIZIÈME VOLUME

PARIS

E. DENTU, ÉDITEUR

LIBRAIRE DE LA SOCIÉTÉ DES GENS DE LETTRES

PALAIS-ROYAL, 17 ET 19, GALERIE D'ORLÉANS

1874

PRÉFACE

Au commencement de l'année 1873, dans la *Préface* du treizième volume des Œuvres d'Enfantin, nous crûmes devoir appeler plus particulièrement l'attention de nos lecteurs sur l'extrait d'une lettre, datée d'Alger 1840, et dans laquelle Enfantin disait à Arlès, au sujet de la démission de M. Thiers et du retour de M. Guizot à la présidence du conseil des ministres, en octobre de la même année :

« Cette demi-victoire parlementaire qui élève Sauzet et abaisse Barrot, nouvelle oscillation de la bascule politique, va faire illusion encore une fois au *parti* auquel il serait si intéressant d'ouvrir les yeux, pour qu'il vît enfin la vérité, pour qu'il pût lui-même changer son nom de *conser-*

vateur et se proclamer hautement *réformateur*. Plus que jamais le rôle que doivent prendre les défenseurs de l'*ordre* est évident; ils sont perdus, s'ils ne ravissent pas la POPULARITÉ aux partisans de la *liberté*; ils sont PERDUS, s'ils se bornent à *résister*. »

La révolution de 1848 justifia les prévisions d'Enfantin. Les conservateurs monarchiques ayant *résisté* à outrance, sous la conduite de M. Guizot et de son auguste maître, jusqu'à repousser obstinément la plus inoffensive, la plus bénigne des réformes, l'adjonction des capacités à la liste électorale; les conservateurs monarchiques, disons-nous, se virent réduits à subir la République, et, avec elle, la plus radicale des réformes politiques, la proclamation du suffrage universel. Ils se relevèrent bientôt de cet abattement par la survenance du *spectre rouge*, dont ils n'ont jamais manqué d'exploiter, sinon de provoquer les apparitions; et s'ils purent un jour, à la faveur de cet épouvantail, se croire redevenus assez puissants pour briser impunément l'instrument de la souveraineté populaire, ce ne fut que pour rendre possible le coup d'État du 2 décembre, qui mit fin à l'omnipotence parlementaire dont ils avaient été investis par cet organe suprême de la volonté nationale.

Dépouillés de cette omnipotence, les conservateurs monarchiques s'aperçurent bien vite, toutefois, qu'ils ne devaient pas se tenir pour complétement perdus. A défaut de la royauté des Bourbons, aînés ou cadets, il leur restait une monarchie qui se crut obligée de leur livrer les rôles principaux dans le drame impérial.

Le parti conservateur resta prédominant sous l'Empire comme sous la République. Ce ne fut pas sans s'exposer à de sourdes rumeurs d'improbation que le chef de l'État essaya de se faire *réformateur* par quelques timides innovations dans nos codes, en faveur des classes ouvrières.

La politique conservatrice continua d'exercer son influence souveraine et conduisit successivement l'empire à Mentana et à Sedan.

Après les désastres de nos armées et la déchéance de l'empereur, la nécessité d'organiser la défense nationale ayant amené la proclamation de la République, personne ne protesta. Les conservateurs qui avaient peuplé les grands corps de l'État et les conseils de la couronne, restèrent muets, et les conservateurs, non ralliés à l'empire, firent croire, par leur attitude et leur langage, que la dure leçon du 2 décembre 1851, provoquée par leur refus de rétablir le suffrage universel par eux aveuglément mutilé en 1850, les avait réconciliés avec la République.

Cette conversion apparente leur réussit. Pour la seconde fois en vingt ans, les conservateurs monarchistes se trouvèrent maîtres du Gouvernement sous la République. Ont-ils profité de ce retour à la toute-puissance pour *se proclamer hautement réformateurs*, et pour *ravir la popularité aux partisans de la liberté*, comme notre maître le leur conseillait, sous peine d'être PERDUS ?

Depuis trois ans qu'ils sont à l'œuvre, tout annonce, dans leurs discours et dans leurs actes, qu'ils tiennent plus que jamais à résister à outrance au mouvement qui emporte les sociétés modernes, et que, loin de se proclamer bien haut *réformateurs*, ils repoussent énergiquement ce titre.

Mais la loi du progrès est-elle de celles qu'une majorité parlementaire puisse abroger à volonté et abolir pour toujours ?

Pour se rassurer pleinement à cet égard, il suffit de jeter un coup d'œil sur l'histoire du développement laborieux de la perfectibilité humaine; il suffit de se rappeler quelle a été jusqu'ici la destinée respective du PROGRÈS et de la TRADITION ; quel a été, dans tous les temps, le résultat final des luttes politiques et sociales, des révolutions et des contre-révolutions.

La lutte du progrès et de la tradition a commencé avec le monde, et elle s'est perpétuée, à travers les races et les nations toutes vouées, dans l'ordre divin, à la vieillesse et à la mort, sans rien perdre elle-même, nous en sommes témoins en ce moment, de sa vivacité primitive.

Au moindre essai de changement, à chaque tentative de réforme, au premier signe d'amélioration dans les sentiments, les idées et les intérêts, le *statu quo* n'a jamais manqué de défenseurs ardents, opiniâtres, quelquefois même impitoyables. La puissance de l'habitude, la douceur du repos et les difficultés de la transition, mises à profit par les classes heureuses, ont donné longtemps la patience aux classes souffrantes et fait rendre au passé un culte dont le génie de la civilisation est loin encore, on le voit, d'avoir converti tous les sectateurs.

La sauvagerie elle-même eut certainement ses conservateurs fanatiques. Le premier fétichiste qui se trouva humilié d'adorer le bois et la pierre et qui voulut chercher plus haut un objet pour ses instincts religieux; et le premier anthropophage qui, éprouvant du dégoût et de l'horreur pour les festins de chair humaine, osa proposer de se contenter de gibier, de poisson, de fruits ou de légumes; le premier fétichiste et le premier anthropophage, disons-nous, déserteurs des pratiques idolâtres et homicides, soulevèrent, l'un et l'autre, à coup sûr, l'indignation des honnêtes gens de leur tribu, gardiens fidèles des mœurs et des croyances de leurs pères. Ils durent être réprouvés, honnis, persécutés comme d'abominables impies et d'affreux révolutionnaires; heureux quand ils ne payèrent pas de la vie le crime d'avoir abandonné les dieux de leur fabrication et d'avoir répugné à se repaître du sang de leurs prisonniers.

Aux beaux jours de la civilisation antique, la tradition païenne qui avait divisé les dieux en catégories et les hommes en castes, et qui faisait régner le destin dans les cieux et la fatalité sur la terre, au profit du privilége fondé sur l'abus de la force et le hasard de la naissance, la tradition païenne trouva aussi des défenseurs très-consciencieux, très-obstinés et très-impitoyables, quand le progrès osa se lever menaçant devant elle.

Les accusateurs de Socrate, les juges du Christ, jouissaient tous de la considération sociale attachée à la probité héréditaire et figuraient en tête des *honnêtes gens* de leur pays. La masse des conservateurs contemporains voyaient en eux les sages et inflexibles défenseurs et de la religion et de la politique des ancêtres.

Socrate, en effet, n'appliquait-il pas son génie à ruiner par le sarcasme le culte des divinités homériques, et n'enseignait-il pas à Platon les nouveautés qui pouvaient révolutionner l'État après avoir bouleversé l'Olympe?

Et le Christ! Qu'est-il besoin d'énumérer les griefs des prêtres et des légistes qui le firent monter au Calvaire? Ne vint-il pas pour enseigner et commander aux hommes de substituer la loi de grâce à la loi de sang, l'égalité de nature à la distinction des castes, la fraternité entre les enfants d'un seul et même Dieu à l'antagonisme des maîtres et des esclaves? En fallait-il davantage pour soulever la haine homicide des gardiens scrupuleux de la tradition, pour rendre iniques et cruels, aux yeux de la postérité plus éclairée, les dévots observateurs et vengeurs des croyances patrimoniales?

La civilisation moderne, dans sa formation et son développement, ne devait pas rencontrer moins d'obstacles et de résistance que la société antique. L'esprit conservateur, garde vénérable des idées mourantes, était toujours là pour barrer le passage à leurs héritières impatientes, les idées nouvelles. Grande ou petite, toute réforme fut donc inévitablement signalée encore par des cris de fureur et des accès de colère qui entraînèrent trop souvent les serviteurs intéressés et les adorateurs sincères du génie de l'immobilité à commettre des actes de violence et d'iniquité, avec la persuasion qu'ils ne faisaient qu'user *honnêtement* d'un *droit* et remplir *religieusement* un *devoir*, par rigoureuse fidélité à la foi de leurs pères.

Ainsi furent abusés à leur tour, par la fascination de la routine, comme les antiques conservateurs des traditions sauvages et païennes, et les seigneurs qui défendirent la tyrannie féodale, en barbares désespérés, contre les *communiers* du XIIe siècle, et les théologiens qui, saisis d'indignation et d'effroi à l'apparition du *libre examen* et à l'annonce d'une *découverte*, ne rêvèrent plus que cachots et bûchers pour les pionniers de la raison et de la science. Les juges de Galilée, comme ceux de Socrate, se crurent les religieux observateurs et les vengeurs inflexibles des lois divines et humaines.

Mais les cachots et les bûchers, quoique très-pieusement et très-abondamment pourvus par le fanatisme routinier, ne réussirent pas mieux aux dévots persécuteurs, dans l'Europe chrétienne, que la ciguë et la croix n'avaient profité dans l'antiquité aux honnêtes et implacables conservateurs de la tradition païenne ou juive. *Le progrès continua de s'accomplir à travers les supplices*. La philosophie et la science modernes n'arrêtèrent ni leur élan ni leur fécondité devant l'Inquisition et le Saint-Office. Le génie hardi qui inspira Bacon et Descartes, Gutenberg et Galilée, Montaigne et Rabelais, Montesquieu, Voltaire et Rousseau, triompha de plus en plus de l'esprit borné des Anytus et des Mélitus de l'ère moderne, et continua de désespérer la descendance vivace des scribes et des pharisiens.

Le serment du Jeu-de-Paume fut prêté, et la liberté de conscience fut proclamée à quelques pas de l'oratoire où Louis XIV avait médité la révocation de l'édit de Nantes et les dragonnades et s'était flatté d'anéantir sans retour le rationalisme par cette politique de combat à outrance.

Les conservateurs sincères, obstinés et impitoyables n'ont pas fait défaut, on le sait, à l'ancien régime. En 1789, la dîme, les droits féodaux, tous les abus, tous les priviléges, furent honorés, dans leur ruine, des regrets retentissants des classes qui se croyaient encore, au milieu de leurs plus grands désordres, les gardiennes inamovibles des principes éternels de morale et de justice. Après tant d'années qui ont mis en lumière et l'influence invincible de la Révolution sur la condition des peuples, et l'impuissance malfaisante des réactions également fatales à l'autorité et à la liberté, la guerre aux nouveautés politiques ou sociales continue aussi vive que jamais de la part des conservateurs, toujours assez frappés de cécité pour ne pas voir qu'ils combattent pour *l'impossible* contre L'INDISPENSABLE, tout en se proclamant les gardiens privilégiés de l'honnêteté et de la suprême moralité.

Oui, *l'impossible* s'évertue en vain, depuis les premiers âges du monde, à empêcher l'avénement de *l'indispensable*, seul maître certain de l'avenir! oui, la perfectibilité humaine, attestée par l'expérience des siècles, a été dotée, dans l'ordre naturel, reflet de l'ordre divin, de la puissance de vaincre en définitive la tradition, dans toutes leurs luttes! Mettons toute notre confiance dans ce don providentiel, sans lequel l'homme n'eût jamais cessé de fabriquer ses dieux, d'exercer le droit de vie et de mort sur ses proches (l'épouse et les enfants) et de faire de ses semblables sa propriété et sa pâture. En vérité, est-ce donc si grand dommage que la religion, la famille et la propriété n'aient pas conservé leur constitution primitive, et que la civilisation, pour suivre son laborieux itinéraire et le jalonner, à chaque pas, par quelque découverte ou quelques améliorations, se soit montrée obstinément sourde aux clameurs de tant de générations *d'honnêtes gens ?*

Aux Anytus et aux Mélitus modernes donc, aux scribes et aux pharisiens du XIXe siècle, de mettre à profit les leçons de l'expérience, trop souvent cruelles et toujours éclatantes ; à eux de comprendre enfin que leur attachement fanatique à la tradition, quelque consciencieux qu'il puisse être, est contraire à la loi divine du progrès et que leur aveuglement rétrograde, quoique marqué du sceau de la bonne foi, ne peut qu'ajourner la régénération morale en provoquant incessamment le désordre social par de folles agressions.

Mais suffit-il, pour mettre fin au désordre social et hâter l'accomplissement de la régénération morale dans le monde politique, suffit-il de guérir les conservateurs de l'aveuglement qui les fait s'obstiner à marcher *à reculons?*

On trouvera la réponse à cette question dans la lettre de notre maître, qui est rappelée en tête de cette préface.

Nous avons vu qu'Enfantin prédisait aux meneurs parlementaires du parti rétrograde, en 1840, qu'ils seraient *perdus*, s'ils ne se hâtaient pas de ravir la popularité aux partisans de la liberté, en substituant à leur titre de *conservateurs* celui de RÉFORMATEURS.

En 1861, il écrivait à son ami Arlès, que la conversion au culte du progrès de la grande armée conservatrice dont l'Église romaine était la plus haute expression, ne suffirait pas à faire entrer et à établir le monde moderne dans les voies de l'avenir, tant que le parti progressiste, maître de l'opinion publique et parfois même de l'autorité civile, ne remplacerait pas son rôle de *démolisseur* par celui d'ORGANISATEUR, et son scepticisme, à peu près universel, par une croyance commune.

L'Église, d'après notre maître, se trompait sur le fond, le *dessous* de sa doctrine d'où lui était venue sa puissance, et cette erreur lui venait de ce qu'elle était recouverte de fétichisme, d'idolâtrie, de polythéisme et de césarisme. Elle se trompe en croyant que le successeur de saint Pierre est un César.

« Et nous nous trompons aussi sur nous-mêmes, ajoutait Enfantin, quand nous nous croyons vêtus des couleurs de l'innocence, parce que, malgré l'Évangile, nous portons sur notre corps, blanchi par le Christ, toutes les vieilles loques et la défroque trouée du césarisme, du polythéisme, de l'idolâtrie et du fétichisme.....

« Oui, mon cher ami, nous sommes tous, elle et nous, solidairement responsables de la situation présente; c'est à nous tous à réaliser les destinées futures de l'humanité; et le monde n'est pas tellement digne et capable d'atteindre ce but, qu'il puisse briser un instrument non moins digne et capable de concourir à cette œuvre commune.

« D'ailleurs, je ne demande pas à l'Église de

croire et de faire ce que je voudrais voir le monde croire et faire. Je pourrais résumer ainsi mon double désir : que l'Église et le monde prennent confiance l'un dans l'autre pour l'accomplissement de la mission commune ; l'amélioration du sort moral, intellectuel et physique de l'humanité, chacune des deux parties y concourant selon ses moyens propres, selon ses facultés spéciales.

« Vous n'avez pas confiance dans l'Église ; elle vous le rend bien, c'est tout naturel. Si cette confiance réciproque doit et peut avoir lieu, qui des deux commencera à en donner la preuve? Ce sera évidemment le plus sage, le plus humain, le plus chrétien, le mieux inspiré de Dieu. Je n'oserais pas parier que ce sera le monde.

« Je sais bien qu'il faut, en même temps, que l'Église se dépouille de fort mauvaises habitudes ; mais, hélas ! ce sont, pour la plupart, celles qu'elle a emprutées à César et au monde, celles qui ne viennent pas d'elle, qui sont même contraires à ses principes et à ses fins, à son origine et à son but, et qui sont, d'ailleurs, encore très-vivaces dans le royaume de César.

« Aussi, de combien de mauvaises habitudes la société civile ne doit-elle pas se dépouiller, ne fût-ce que pour faire honte à l'Église de les lui avoir en partie empruntées ! Et comme ces vices sont inhérents au monde, comme ils sont l'héritage de tout son passé, comme ils sont des conséquences essentielles des principes sur lesquels toutes les sociétés politiques ont été constituées, avant et depuis le christianisme, c'est-à-dire : la force, l'épée, la guerre, la conquête, le sang ; comme ils sont, en un mot, le *vieil homme*, nous aurons bien de la peine à nous en débarrasser, si l'Église ne nous y aide pas un peu.....

« Bien certainement, si l'Église doit se transformer, comme je l'espère, ce ne sera jamais devant ceux qui n'ont aucune foi dans sa puissance virtuelle, ni surtout devant ceux qui la menacent de mort.

« Tant que notre vieux monde ne lui montrera pas qu'il a été transformé lui-même par elle en monde nouveau, aimant la paix, le travail, l'amélioration du sort du peuple, l'élévation constante de tous, en commençant par les moins élevés, elle n'écoutera pas nos remontrances et aura droit de mépriser nos leçons ; mais si nous nous mettons nous-mêmes vigoureusement à l'œuvre sainte, croyez-moi, elle ne restera pas en arrière, parce qu'elle sentira alors qu'elle a une place, non plus hors de nous, mais au milieu de nous.

« Et maintenant, en supposant, comme vous, que le catholicisme n'accomplisse pas ce progrès, qu'il lui soit impossible d'opérer cette transformation ; en supposant qu'il perde simplement ses fidèles de France, comme il a perdu jadis ceux d'Angleterre, d'Allemagne, de Suisse et de tant d'autres lieux, vous n'admettez sans doute pas qu'une telle révolution puisse se faire sans qu'une notable partie du clergé français participe au schisme et aide à la formation d'un gallicanisme positif. Eh bien, il est important de prévoir et de dire ce que devrait faire ce gallicanisme, car il pourrait se borner à recopier celui de Bossuet, et nous avons mieux que cela à faire aujourd'hui. »

Ce qui se passe en Suisse, en Allemagne et ailleurs justifie les prévisions d'Enfantin à l'égard du schisme sacerdotal. Mais notre maître signalait aussi la nécessité de faire mieux qu'au XVIIe siècle et de poursuivre, selon le mot de De Maistre, *la réconciliation de la foi avec la science*. Ce doit être là désormais le but des spéculations philosophiques et des aspirations religieuses.

FIN DE LA PRÉFACE.

CORRESPONDANCE

INÉDITE

D'ENFANTIN

CCCLXVIII[E] LETTRE

A ARLÈS

Paris, 12 novembre 1860.

Cher ami, voici le prospectus que Gide avait fait avant la conclusion de l'affaire ; c'est assez vague, mais c'était suffisant pour prendre date et servir de première annonce de librairie. Je n'ai pas revu Duveyrier qui me dira sans doute aujourd'hui la signature de l'acte.

Je suis, en effet, très-heureux que Duveyrier trouve là un travail, un salaire et une part d'intérêt qui pourra être quelque chose.

J'ai rencontré hier Cobden au Bois de Boulogne. Il a l'air mieux que ne l'annonçait son refus d'aller pérorer dans des meetings anglais malgré cela il paraît souffrant. Au reste, que pourrait-il dire de plus que Persigny et Palmerston et Russell? Peut-être aurait-il un peu moins parlé de la milice et de la défense des côtes ; il aurait fait aussi sa tartine sur la marine militaire.

L'article de Guéroult, d'avant-hier, sur le catholicisme et la liberté, était de main de maître, mais il faut qu'il aille jusqu'au gallicanisme vrai, c'est-à-dire un christianisme national quelconque, fût-il à la mode anglicane, prussienne ou russe, afin qu'on puisse dire de la cinquième grande puissance, l'Autriche :

Elle reste seule...
Avec la papauté.

Laquelle papauté ira demeurer à Vienne ou à Madrid, ou même restera à Rome, capitale de l'Italie *(prophétique)* !

Je pense que cette semaine nous allons apprendre le départ du roi de Naples, qui doit être bien vexé d'avoir employé ses millions emportés de Naples à nourrir son armée fondue.

Si ce grand fait politico-religieux s'accompit,

si le catholicisme de Loyola entre dans sa dernière phase de dissolution, ce sera une bien bonne fortune pour l'encyclopédie française.

A vous, cher ami.

P. E.

CCCLXIX[E] LETTRE

A ARLÈS

Paris, 15 novembre 1860.

Cher ami, vous connaissez ma répugnance à m'occuper exclusivement ou même spécialement dans un sujet quelconque, du point de vue de la liberté qui se borne à montrer ce qu'il faut rayer, supprimer, détruire; je m'en rapporte à d'autres que moi, je dirais presque à tous les hommes de ce temps-ci.

Quand je vois la Banque, usine *privilégiée* pour l'émission de ses billets, se permettre d'influer sur toutes les affaires par la hausse et la baisse de l'escompte, quand je songe aux perturbations que peuvent produire dans le travai général l'exercice ou le repos de cette autre usine *privilégiée* qui émet non des billets, mais des boulets, et qu'on appelle l'armée, je songe plus à ORGANISER le *crédit* et la *paix*, qu'à conserver des tarifs de douane.

Il y a plus, dans ces droits perçus à l'entrée ou à la sortie, il en est, comme ceux des tabacs et même des cotons, des cafés, des sucres, qu sont de véritables impôts prélevés sur la natio et tout aussi, mais pas plus, nuisibles au travai que les patentes et les portes et fenêtres, e même que l'impôt foncier. J'en dis autant de l'octroi, qui peut être un impôt embêtant à percevoir, mais qui, remplacé sous une autre forme pèserait de même sur le travail et sur le bien-être des citadins.

La question des aptitudes, des territoires e des populations est donc dominée par celle des différences d'organisation sociale et politique Ainsi une terre riche, comme celle de Naples avec son peuple ignare et flâneur, aurait beau proclamer le libre échange qu'il n'en resterai pas moins misérable dans sa richesse native mais inculte.

L'Angleterre, au contraire, *avec ses prohibi*

tions, avec ses milliards consacrés à la guerre contre la France, s'était relativement enrichie, tandis que la France était épuisée de misère en 1814.

Le régime *protecteur* aura toujours sa raison d'être dans tout pays où le gouvernement est plus éclairé et surtout mieux *organisé* que la société. Or, en France, le citoyen, le travailleur ne manque pas précisément de lumière, mais il n'est pas *organisé*. Il n'y a pas, comme en Angleterre, des classes, des corporations, des communes, ni même des familles ; il n'y a que des individus.

Vous savez que je ne souhaite pas pour la France l'organisation sociale anglaise ; toujours est-il qu'à défaut d'organisation notre société a un besoin d'être gouvernée et administrée, et gendarmisée que l'Angleterre n'a pas.

Votre comparaison entre les deux pays pèche donc au moins sous ce rapport.

Vous êtes comme Garibaldi, qui démolit fort bien les rois anciens et qui voudrait sans doute leur substituer la république de Mazzini, mais qui est obligé, très-heureusement, d'en passer par le roi Victor-Emmanuel.

Ne parlez donc pas tant de rayer le mot *pro-*

tection qui, d'ailleurs, est aussi bon que celui de *prohibition* est mauvais.

Sans cela, comme disait Bazard, vous faites de la pure, pure, pure république, c'est-à-dire que vous vous éloignez autant que possible des sociétés de l'avenir.

Ayez la sagesse du vainqueur de Solférino, faites votre paix de Villafranca; rappelez-vous *L'Italia fara da se,* et songez à ce qu'elle devra faire de son affranchissement de la soi-disant protection autrichienne; songez aux institutions *protectrices* de l'organisation économique, intellectuelle, sociale qu'elle doit se donner; songez à notre France industrielle livrée à l'égoïsme, l'individualisme, l'anarchie, la concurrence, le jeu, les coups de bourse, les millionnaires, les prolétaires, les entremetteurs, les falsificateurs, les Robert-Macaire et le *paupérisme.*

Vous serez, je crois, alors sur le terrain de l'Empereur et sur le mien; vous pouvez être sûr qu'il ne songe pas à dépouiller son gouvernement et lui-même du titre de Protecteur des travailleurs.

A vous.

P. E.

CCCLXXe LETTRE

A ARLÈS

Paris, 30 novembre 1860.

Qu'avez-vous donc cher ami, vous ne me donnez pas signe de vie, seriez-vous, comme le prince Napoléon, plus désespéré que jamais ou comme le père Duchêne, bougrement en colère? Êtes-vous même de retour à Lyon? Je n'en sais rien. Vous trouvez-vous bien de votre voyage? Enfin que pensez-vous du ministère et de ce que ces changements nous présagent?

Vous savez qu'on nomme les deux classes de ministres portefeuilles et porte-voix, on parle pour le troisième porte-voix de Chaix d'Est-Ange. On assure que Rouher n'a pas voulu, et quelques-uns disent que s'il avait accepté, Michel serait devenu portefeuille.

Je l'ai rencontré, Michel, dans la rue, à pied, il m'a dit avoir vu Gide, longuement causé avec lui et en être très-content.

J'ai dîné chez le susdit Gide mercredi ; il y

avait peu de travailleurs futurs de l'encyclopédie et nous en avons peu parlé.

Duveyrier, qui a été convié par Pereire pour affaires importantes, travaille beaucoup à ce qu'il paraît, car ni Gide ni moi ne le voyons plus. Je ne serais pas surpris que ce fût pour l'octroi, dont on parle beaucoup.

On parle aussi de la dissolution de la Chambre et d'élections nouvelles. Je crois que cela serait sage, parce que nous entrons certainement dans une phase nouvelle de la politique importante. La phase de politique *extérieure* est glorieusement accomplie et se termine symboliquement par le traité de commerce. Maintenant il s'agit de l'*intérieur,* et je suis bien sûr que l'Empereur nous y prépare des campagnes qui valent bien celles de la Crimée et d'Italie. Mais pour cela il faut faire surgir un nouveau personnel par un travail électoral qui indiquera le but que l'Empereur se propose. Notre Chambre actuelle est pleine des premiers ralliés qui étaient prêts à soutenir une politique quelconque; mais le travail n'y est pas fortement représenté.

A cet égard je ne dirais pas pour vous ce que je vous ai toujours dit du Sénat, parce qu'ici on est nommé par en bas avec l'appui d'en haut, tandis qu'au Sénat on est nommé d'en haut sans appui d'en bas. Songez-y donc.

Guéroult ne me paraît pas comprendre assez l'Empereur. Il est trop absorbé par la question polonaise ou slave. Il ne voit pas qu'il s'agit de l'extinction du paupérisme et de l'introduction du socialisme par l'armée, par l'État (1) par en haut, sans Crémieux, Louis Blanc et Albert, ouvrier, ni Blanqui ni Barbès, mais, peut-être, vous et moi.

P. E.

CCCLXXIE LETTRE

—

A ARLÈS

Paris, 31 décembre 1860.

Cher ami, je continue, en fin d'année, ma

1. On voit qu'Enfantin poursuivait sous l'Empire l'apostolat princier *jusqu'au bout*, selon l'expression dont il s'était servi dans la correspondance destinée au duc d'Orléans.

lettre d'hier, par laquelle je vous envoyais les papiers que vous m'aviez demandés.

Vous voyez que les affaires sont de plus en plus mortes, et je doute que le discours de demain les ravive. Nous sommes dans une crise de liquidation d'un passé d'affaires, dont Mirès et même Morny sont des types et dont les chemins de fer ont été le tapis. Tout cela tombera assez bas avant qu'on ait dressé une nouvelle table entourée de nouveaux personnages; mais en fait, la Banque de France et ses succursales, le Comptoir d'escompte et ses annexes, le Crédit foncier et ses dépendances (communes, entrepreneurs, agricole, drainage) le Crédit industriel et son nouvel enfant (ancien Sous-Comptoir des Métaux) sont des instruments renouvelés ou nouveaux qui sont substitués aux anciens faiseurs et monteurs d'affaires, et qui sont prêts à entrer dans la voie....... que l'Empereur voudra ouvrir.

J'ai toujours foi que ce sera l'agriculture et les industries qui s'y rattachent de plus près.

Quand les préfets ont reçu l'ordre de transformer les villes, ils ne s'en sont pas mal tirés. Quand les maires auront ordre de transformer les campagnes, on trouvera parmi eux des Haussmann et des Waïsse.

On a jeté des milliards sur les chemins, on en sèmera encore plus dans les champs, et comme c'est aussi là que notre nombreuse armée devra être grassement consolée de ne pas guerroyer, il y aura double avantage à lui faire gagner ce qui n'a été jusqu'ici le lot que des boursicoteurs.

Relisez donc encore une fois l'extinction du paupérisme.

Je n'ai pas vu les *massacres* de Syrie, dont *rend* compte l'*Opinion nationale*, et ce qu'on dit me paraît absurde. On aurait pu dire les mêmes bêtises sur la tireuse de cartes (affaire Mortara). Les pièces de Mocquard, à la Porte-Saint-Martin ou au Cirque, ne sont pas des œuvres littéraires. L'Empereur fait très bien de faire dire haut qu'il protége les chrétiens, quand il est si près d'embêter fortement Antonelli et son Pape.

Les nuages grossissent en Hongrie, en Croatie, sur tout le Danube, et quoiqu'on en dise, j'ai lieu de croire que la Russie y joue le même rôle que la France. Les armes y arrivent de tous côtés. Les sociétés secrètes et même un peu publiques organisent la révolte contre Vienne.

Je crois donc peu à l'attaque directe du fameux quadrilatère au printemps; Trieste et Pola ont plus à craindre que Vérone et Mantoue. Garibaldi peut aller là sans que le Piémont ait l'air de bouger, comme pour la Sicile. Le Piémont n'arrivera à Venise que comme il est venu à Naples et dans les États du Pape, pour *arrêter* la Révolution. J'espère que Cavour n'est qu'indisposé et non malade ; il mène une rude besogne.

L'Angleterre et la France continuent d'ailleurs à mener très-rondement l'idée du rachat; je crois que la Belgique s'y rallie, mais je ne crois pas que l'opinion publique allemande, en Prusse et dans les petits États, s'y soit encore assez fortement attachée pour peser sur l'Autriche et surtout sur son gouvernement. Toutefois l'idée ira son train, à mesure que la situation générale sera plus tendue.

Demain, la réception diplomatique indiquera probablement quelque chose. On dit qu'il y aura un mot sur Trieste, je ne le crois pas. Ce ne pourrait être que trop vif. Je crois que le nonce n'est pas à Paris, ce qui lui évitera de porter la parole au nom du corps diplomatique.

Adieu, cher ami, bonne année, j'aurai encore à vous écrire ces jours-ci.

P. E.

CCCLXXII^e LETTRE

A ARLÈS

Paris, 21 février 1862.

Cher ami, Guéroult a fait un bien joli article en battant M. Baudon sur le dos de M. Troplong. C'est bien le cas de dire encore comme vous : Qui paye donc le Sénat pour dire tant de bêtises ?

Il me semble que le comte de Palikao fait dresser les oreilles aux députés ; c'est bon signe. Ce pauvre Darricau qui se trouve fourré là-dedans ! ce que c'est que d'être conseiller d'État !

La conversion semble touchée à l'aile. Les ardents fouldistes se contenteraient du tiers ou même du quart.

Duveyrier continue à travailler comme un

diable; Lagoutte lui-même ne le voit presque pas, il est à la température *Diderot*; seulement son conjoint Michel n'est pas encore au degré *d'Alembert*.

Je vois que vous songez toujours beaucoup à l'exposition de Londres, mais je ne comprends pas bien encore ce que vous vous proposez d'y être ou d'y faire. Vous allez dire que je prétends toujours au rôle du bon Dieu; c'est un peu vrai, mais si vous n'y allez pas dans le but d'enfoncer le gouvernement aristocratique anglais, je ne sens pas bien la figure que vous y ferez, au milieu de tous ces Leplay, Gervais et *tutti quanti* qui iront pour gagner le Sénat, la croix ou de l'argent.

A moins que vous n'y soyez le délégué des ouvriers français qui s'organisent pour y aller; mais le tambour-major des anciens jours est peut-être un peu rafalé pour remplir le *rôle* de *La mère des ouvriers français* à Londres.

Cela serait cependant assez chiquard, en prenant Vingard pour votre fifre, pour oser faire donner sérénade à Cobden et Bright.

A vous,

P. E.

CCCLXXIII^E LETTRE

A ARLÈS

Paris, 3 mars 1862.

Cher ami, les affaires publiques se chauffent d'une façon qui ressemble à 1847 et à 1829. J'espère encore que le résultat ne sera pas le même et qu'on laisse s'enferrer bien des gens, y compris le pape et les évêques, qui seront pris au trébuchet [1].

Fould a bien reçu une lettre qui le remerciait et le félicitait d'avoir courageusement critiqué les finances impériales ; le prince en recevra peut-être aussi une au premier jour.

En attendant, Thouvenel lui a dit samedi : « Monseigneur, vous avez bien fait mûrir la question. » Et Billault : « Monseigneur, vous avez

1. Enfantin fondait de grandes espérances sur la finesse et les résolutions dernières de Napoléon III. Sa mort prématurée l'a préservé du regret d'avoir un peu trop compté sur l'apostolat princier, à l'égard de l'Empereur.

rendu ma tâche bien difficile. » Le fait est qu'il a mis les pieds dans le plat.

Le ministère veut faire retomber l'échec Palikao sur les légitimistes et les orléanistes. Lisez le *Constitutionnel;* Guéroult a été tâté dans ce sens.

Renan a une lettre de l'Empereur, qui lui dit que sa suspension a été décidée par suite de circonstances politiques fort graves, mais qu'il reprendra son cours prochainement.

La dissolution de la Chambre cette année ne me paraît plus douteuse On s'enferrera au budget sur quelque point mieux choisi que l'affaire Palikao, qui, jusqu'ici, me semble une affreuse boulette, mais qui peut cacher un piége que l'Empereur seul connaît; il est très-fort sur la botte secrète.

Les cardinaux s'en donnent à cœur joie; Charles Dupin et Boissy leur sont seuls comparables.

Au moins La Rochejacquelein et Ségur sont deux polichinelles à ficelles. Mais quelle misère pour Rome d'être défendue par de pareils masques !

Bonjean et le prince ont fait d'assez bonne histoire critique.

Pressé, je vous quitte pour aujourd'hui.

P. E.

CCCLXXIVe LETTRE

A ARLÈS

Paris, 9 mars 1862.

Cher ami, Palikao se prolonge d'une façon de plus en plus inquiétante; on dit que les députés de Paris ont déclaré qu'en cas d'adoption de la loi nouvelle, ils donneraient leur démission, et qu'on verrait alors, par la réélection, l'opinion de Paris sur la question.

Votre retard à me répondre sur la mère des ouvriers ne m'étonnait pas; je savais bien (et je le désirais) que vous voudriez en causer avec l'autre mère, pour savoir si l'on croit être, de son côté, le père des ouvriers français à Londres, rôle extrêmement embêtant et fatigant. Votre réponse sur ce sujet me semble très-raisonnable. Seulement, je crois que vous vous trompez en espérant enseigner à Bright comment il faut démolir l'aristocratie anglaise. Je trouve si naturel, si légitime le silence de Cobden sur ma lettre et sur la vie éternelle ! Ces gaillards-là en savent bien plus que nous sur ce qu'ils peuvent, doivent et veulent faire : nos efforts, sur eux, sont semblables à mes efforts sur Louis-Philippe et sur l'Empereur ; ils n'ont de valeur que par la publicité et *sur d'autres qu'eux* (1). Eux ne peuvent pas les entendre ; ils sont trop vieux et ont un épais coton dans les oreilles.

En somme, je ne vois pas que vous ayez une notion bien claire de l'utilité de votre séjour en Angleterre pendant l'exposition, et cela ne m'étonne pas.

La mort de cette brave Mme N. est l'expression très-nette de votre impuissance à comprendre ce que vous pourriez faire de bon là-bas.

A vous, cher ami ; amitiés aux deux autres personnes de la trinité.

P. E.

(1) Voilà la haute pensée qu'il ne faut jamais perdre de vue dans l'appréciation des efforts apostoliques d'Enfantin sur les Princes et les chefs de gouvernement.

CCCLXXV^E LETTRE

A ARLÈS

26 mai 1862.

Cher ami, vous ne me parlez pas de retour ; je pense donc que vous n'y songez pas encore.

Pierre et Henri sont arrivés hier avec Warnier et les Écossais; ils dînent demain à la maison, bien entendu sans leurs sauvages.

Notre bataille avec le Midi n'est pas encore finie.

Peut-être que le Mexique sera terminé avant Rome, qui commence pourtant à bien ennuyer tout le monde.

En nommant des sénateurs de l'âge d'Ingres, on se prépare des vacances prochaines.

Il paraît que l'argent afflue au prince impérial et qu'on s'occupe activement des succursales de province.

Vous avez dit que Vaïsse a commencé à tenir tête aux cléricaux, c'est bien bon signe.

Ne vous plaignez pas trop de la gloriole de

Michel *en Angleterre*. Comme dit Hugo : un lord n'est qu'un pair de France d'Angleterre.

Demarquay vous aura donné de bonnes nouvelles de moi ; chez lui j'ai beaucoup causé avec Saint-Georges. Maintenant qu'Halévy et Scribe sont morts, j'aimerais assez qu'il travaillât avec David ; mais il a deux œuvres posthumes de ces messieurs à faire jouer auparavant, de sorte que je n'ai pas lancé l'idée.

Le succès de David va *crescendo*.

Adieu, vieux qui courez comme un jeune homme ; moi, je suis décidément très-vieux.

P. E.

CCCLXXVI[e] LETTRE

A ARLÈS

Paris, 2 octobre 1862.

Cher ami, vous ne voulez donc pas me dire si et quand vous venez à Paris ? J'ai besoin de le savoir, pour moi et pour plusieurs amis qui le demandent.

Une indisposition m'empêche d'aller dîner aujourd'hui à Armanvilliers, avec Michel, Lambert, Fournel et Charles. Cela est peut-être providentiel, mais cela ne me fait que plus désirer de vous voir pour causer des choses capitales dont nous devions parler chez Isaac ; il s'agit d'un 18 brumaire ou 2 décembre, pacifique, amical, dans le saint-simonisme, sorte de testament et d'héritage entre-vifs, avec garanties positives de fonction et non pas de définition.

Vous qui êtes sage, modéré, tempéré et qui *pourriez beaucoup*, hélas, si vous vouliez, vous êtes naturellement du Sénat qui conseille; vous êtes cardinal, et voilà pourquoi votre absence concorde avec la fièvre qui m'empêche d'aller à Armanvilliers.

Veuillez donc causer sur nos affaires urgentes.

Rome est assez malade pour songer à la succession; c'est pis que l'empire ottoman.

A quand ?

P. E.

CCCLXXVII^e LETTRE.

A ARLÈS

Paris, 11 novembre 1862.

Puisque vous me piquez d'honneur, nous allons voir maintenant à qui vivra le plus longtemps et le mieux portant, qui le plus gentil, le plus aimable, le plus séduisant, en un mot, qui sera la plus ragoûtante moitié de nous deux. Mais entre nous, et tout bas, convenons que nous sommes des momies et que nous avons oublié, l'un et l'autre, que l'homéopathe M. de Guidi est en terre au moins depuis quinze à vingt ans.

Ce qu'il y a de meilleur, c'est que vous pensiez que Molière n'a critiqué que les allopathes !

On vient d'enterrer Mercier à côté de Caussidière; le même jour son fils était reçu à l'École des mines. Le pauvre père n'a pas pu recevoir cette bonne nouvelle avant de finir. En voilà encore un qui entrera sous une forme quelconque dans votre clientèle d'assistance, et pour qui le crédit intellectuel serait bien utile. Mais je crains que Pierre et surtout Michel, et même Duveyrier, n'aient pas bien compris la chose.

Il y a plus de mille jeunes gens, par an, entrant dans les grandes écoles de droit, médecine, pharmacie (ne vous déplaise), polytechnique, normale, centrale, Saint-Cyr, Châlons, marine, forestière, fermes, commerce, qui auraient besoin d'avoir 6,000 francs d'assurés avant de pouvoir gagner un sou. Il y a de ce seul chef plus de six millions de prêts annuellement assurés pour le crédit intellectuel.

Si l'on y ajoute les rachats militaires, pour soustraire à l'armée les natures délicates, faibles, sensibles, douces, il y en a bien mille sur cent mille hommes, ce serait encore deux ou trois millions de prêts annuels assurés.

Je ne comprends pas votre trio de Warnier, Henri, Armand. Encore faudrait-il qu'il y ait déjà duo, or je n'entends pas parler de cela. Et puis Armand ne peut pas être le cornac d'Henri. Enfin pourquoi donc tant vouloir accoler Armand? Il est assez grand pour marcher seul. Il vaut mieux qu'il *tâte* aujourd'hui cent personnes remarquables, que d'essayer de se *nouer* même avec un ange.

Pas la moindre nouvelle politique. Croyez-vous à cette intervention américaine?

Je continue à lire du Saint-Simon toujours avec un nouveau plaisir.

A vous.

P. E.

CCCLXXVIII[e] LETTRE

A PROUDHON

Avril 1864.

Monsieur, vous prétendez régénérer le monde en y installant souverainement la justice et la liberté, et en détrônant et détruisant à jamais l'amour et l'autorité. Vous vous glorifiez de substituer un mot à un autre dans la règle de morale universellement admise; au lieu de : AIME TON PROCHAIN COMME TOI-MÊME, vous dites : *Respecte ton prochain comme toi-même*.

Je viens vous reprocher et vous convaincre de manquer à la *justice*, au *respect*, à la *liberté*, parce que vous êtes privé d'AMOUR pour vos égaux, de RECONNAISSANCE pour vos supérieurs, de CHARITÉ pour vos inférieurs, c'est-à-dire de sentiments qui constituent en un seul mot l'AUTORITÉ.

Je commence par examiner votre conduite envers moi.

Vous m'avez maintes fois nommé dans votre dernier ouvrage; vous m'avez personnellement injurié en signalant à la haine publique des idées que vous m'avez attribuées.

Vous m'avez nommé, injurié et signalé à l'animadversion publique en une foule d'endroits dans vos écrits, et je me demande comment il se fait que vous n'ayez cité aucune parole, aucun acte de moi; tandis qu'au contraire vous reproduisiez, pour les combattre, des opinions d'hommes ou de femmes qui n'ont jamais professé mes croyances ou qui les ont reniées et qui se sont séparés de moi.

Ainsi, d'une part, Georges Sand et Daniel Sterne ne se sont jamais déclarées mes disciples, mes élèves; je ne connais point ces dames, je ne les ai jamais vues; d'autre part, Leroux et Reynaud m'ont, il est vrai, nommé père, mais depuis ils ont fait comme vous, ils m'ont injurié et signalé comme un homme dangereux.

Or, précisément, ces femmes et ces hommes ont manifesté en eux ce qui est en vous, mais aussi en moi, le sentiment de la *liberté*, et ils ont rejeté, repoussé, nié, ce qui est en moi, et non pas en vous, le sentiment de l'*autorité*.

Il en résulte qu'en les attaquant vous ne me touchez pas réellement, tandis que si vous m'aviez pris corps à corps, vous les combattiez du même coup.

Et surtout vous auriez montré que vous vouliez pratiquer envers moi la *justice*.

Et vous auriez prouvé ainsi que votre règle morale: *respecter son prochain comme soi-même*, n'était pas simplement une burlesque parodie de l'Évangile.

En effet, qui respectez-vous, dans tout le passé? En politique : Marat, Hébert! en littérature et philosophie : Rabelais et Voltaire! Tels sont vos pères; vous vous déclarez leur héritier. Et dans le présent, qui respectez-vous? Personne. Personne n'est votre prochain, votre frère respecté! Aucun être à face humaine n'est votre père respecté, mais aussi personne, que je sache, n'est votre fils dévoué, reconnaissant, et vous vous glorifiez de cette monstrueuse solitude qui renverse pourtant votre doctrine du respect entre les hommes.

Mais aussi, comment croire qu'on opérera la régénération humaine en substituant au mot vital d'*amour*, le mot froid, glacial, de *respect?* Songez donc que, même à l'égard d'un père, d'un frère, d'un fils, d'un ami, ce mot de *respect* ne saurait jamais marcher seul, et qu'il lui faut, à toute force, une épithète qui exprime la reconnaissance, le dévouement, la tendresse, la sympathie, sous peine d'être impuissant, faux et même ridicule. Ce verbe de la moralité suprême, selon vous, devient stupide pour exprimer le soin d'une mère pour ses enfants, dune femme pour l'homme qu'elle AIME, d'un citoyen pour la patrie qu'il ADORE, d'un Christ pour l'humanité à laquelle il donne SA VIE.

Laissez donc les docteurs, les rhéteurs ambitionner pour eux le respect; Dieu m'est témoin que je ne sollicite pas le vôtre. Le moindre grain d'affection que vous voudriez bien me donner me ferait oublier toutes vos injures, toutes les turlupinades dont vous amusez la partie grossière du peuple que vous croyez encore Gaulois, mais qui est Franc et Français, et qui aime plus Corneille que les tréteaux de la foire.

Direz-vous que le peuple aime et admire Corneille parce qu'il le respecte? Oui, sans doute, il le respecte; mais pourquoi le respecte-t-il? Par ce que Corneille lui montre le grand, le noble, l'impérissable amour, l'AMOUR qui impose le *respect* et commande la *justice*, qui les comprend et les domine l'un et l'autre comme il brave le mépris et l'iniquité, cet AMOUR qui se sent en DIEU et qui sent DIEU en lui, car il est l'enthousiasme de la VIE; aussi ne tentez-vous pas de créer de l'enthousiasme avec du respect et de la justice! Vous cherchez à le produire, au contraire, par l'injure et par le bourreau; vous montrez à décapiter tout le monde, sauf les insulteurs et les guillotineurs, Rabelais et Voltaire, Hébert et Marat. Vous poussez à l'ivresse, mais non au breuvage de la vie; vous avez de la haine contre tout, surtout contre l'amour.

Je vous le répète, vous avez complétement manqué envers moi de respect, de justice. Vous m'avez faussement attribué, en altérant ma pensée, ce qui ne m'appartient pas, et vous vous êtes frauduleusement emparé, en le présentant comme vôtre, de ce qui est au contraire ma pensée, mon bien, ma foi, ma vie, de ce que nul autre, avant moi, même Saint-Simon, n'avait rien dit.

Je n'ai jamais dit, comme vous le prétendez, que le prêtre dût être l'homme de l'*amour* et de la *synthèse*, ni qu'il fût le juge de la capacité, de la fonction, de la rétribution, ni de quoique ce soit.

J'ai dit, au contraire, que le gouvernement, dans la famille, dans les fractions de la cité, dans les réunions des cités, dans les nations, dans l'humanité, ne comportent jamais *l'homme seul,* mais le COUPLE, *homme* et *femme*; que la fonction du gouvernement n'était que celle du *juge,* et enfin, que le classement hiérarchique ne devait être que l'expression de la TRIPLE VOLONTÉ des *inférieurs,* des *égaux* et des *supérieurs*.

Et, d'un autre côté, j'affirme que jamais vos ancêtres, Marat, Hébert, Voltaire et Rabelais, ni qui que ce soit, hors moi, ne vous a enseigné que la base de l'organisation sociale, j'ajouterai, de toute organisation scientifique, métaphysique, industrielle, artistique, était l'*androgyne*, le *couple*, l'*homme* et la *femme*.

Ceci méritait quelque respect et une juste reconnaissance surtout de votre part, puisque pour vous maintenant (le fait est récent et je n'en vois pas la trace dans tous vos précédents ouvrages) l'*androgyne* est l'organe de la *justice* et de votre doctrine morale du *respect* du prochain.

Respecter son prochain comme soi-même! de quelle passion aveugle ne faut-il pas être possédé pour se figurer avoir fait une merveilleuse découverte, en désignant ainsi la divine formule d'union, d'association, de religion de l'homme avec ce qui n'est pas lui, du *moi* avec le *non moi*, de la personnalité avec le dévouement, de la liberté et de l'autorité, des deux faces de la vie souvent opposées l'une à l'autre et qui ne peuvent marcher ensemble au profit de l'harmonie sociale et en présence de la *justice*, impuissante dans l'isolement, que par l'intervention suprême de l'AMOUR?

J'ignore si vous avez étudié les mathématiques, malgré, ou plutôt à cause de l'abus que vous faites de quelques termes élémentaires de cette langue savante. Vous nous accablez d'équations, de rapports, de balances, comme un comptable plutôt que comme un algébriste, et vraiment vous en devenez comique dans cette phrase qui renferme le secret de toutes vos erreurs : « L'organe juridique se compose de deux personnes; si nous les faisons semblables et égales, ou bien, en variant les aptitudes équivalentes, ces deux personnes seraient, entre elles, comme l'homme est à l'homme, ou la femme à la femme, comme 3 est à 3, 2 à 2, A à A. Ce sont deux essences respectivement complètes, par suite réciproquement indépendantes. »

Quel gâchis!

Mais, monsieur, si ces deux personnes sont dissemblables et pourtant égales, non en poids, en longueur, en largeur, en profondeur, mais en droit, en moralité, en intelligence, en beauté, que deviennent vos naïves propositions, vos puérils raisonnements?

Vous ajoutez, il est vrai : « Entre individus de valeur égale et de prétentions pareilles il y a *naturellement* antagonisme, joute, loterie, agiotage, discorde, guerre, peu de respect, peu d'affection, point de dévouement. »

Ah ! il y a *naturellement* antagonisme; mais à quoi mesurez-vous donc, s'il vous plaît, la valeurs des gens? Est-ce que ce n'est pas à leur *justice*, à leur *respect* pour les autres? Pourquoi donc *l'égalité de valeur* conduit-elle *naturellement*, selon vous, à la guerre? Il me semble que si vous étiez aussi fort logicien qu'on le croit et que vous le proclamez, vous diriez plutôt que l'égalité de valeur morale mène *naturellement* à l'estime réciproque, à l'affection, à l'amour.

Mais non, vous, vous monsieur Proudhon, vous êtes jaloux de vos égaux, envieux de vos supérieurs, et vous aimez à injurier ceux que vous croyez vos inférieurs.

Pourquoi jugez-vous tout le monde semblable à vous?

Pourquoi vous-même, avez-vous tourné vos très-réelles facultés vers la critique, la lutte, la guerre, la destruction de tout ce qui n'est pas vous?

Pourquoi l'orgueil de votre personnalité vous rend-il repoussant, effrayant, monstrueux?

Dites-moi donc où sont les égaux avec qui mutuellement vous vous respectez, les supérieurs que vous respectez et les inférieurs qui vous respectent, afin que nous jugions votre doctrine par votre conduite, votre dogme par votre culte?

Pourquoi êtes-vous seul dans votre tannière

avec vos petits et la mère de vos petits? Vous l'avez dit vous-même, c'est parce que vous avez peur d'aimer; vous l'avez dit encore, c'est parce que, prêchant le respect, vous ne respectez rien; enfin, vous l'avez confessé, c'est que vous ne pouvez être juge de rien, puisque vous êtes bourreau de tout.

Eh quoi! voici un homme qui croit au progrès, qui annonce que la justice règnera sur le monde, et cet homme ne rencontre dans le passé, surtout parmi les géants, les héros, les saints qui ont fait marcher l'humanité, que des figures à souffleter, des faces à couvrir de boue, des têtes à couper.

Et dans le présent, pas un mot d'amour, de reconnaissance, de justice pour aucun des êtres qui ont la même foi que lui dans la marche progressive de l'humanité, qui travaillent comme lui (même en se trompant) à réaliser cette venue de la justice parmi les hommes; pas un mot d'amour, mais des quolibets, des goguenardises dites gauloises, des dénonciations au mépris, à la haine, à la vengeance de tous.

Vous avez beau vous défendre, le milieu où vous êtes né, celui dans lequel vous avez vécu, ont fait de vous un sauvage, et non pas l'homme, le Français du XIXe siècle. Vous avez énormément lutté, combattu, pour vaincre la misère et conquérir la science; au lieu d'en conclure qu'il fallait constituer à l'avenir la société de manière à favoriser pour tous la délivrance de la misère et de l'ignorance, si rude à réaliser de nos jours, vous avez cru que la lutte et le combat étaient des moyens organisateurs de cette société nouvelle. Vous êtes né dans un monde qui vous a comprimé et vous n'avez pas pu concevoir celui qui donnerait expansion à tous, selon la nature, la vocation, le travail de chacun. Vous avez détesté les obstacles que vous trouviez sur votre route, et vos haines ont étouffé en vous l'amour que vous aviez certainement pour les hommes qui ont été, qui sont et qui seront les généreux appuis du pauvre, les guides éclairés des ignorants, les vrais chefs de la famille humaine. Vous êtes idolâtre de la liberté qui renverse toute barrière, mais aveugle et furieux ennemi de l'autorité, dût-elle abaisser ces barrières au profit de tous et n'en imposer qu'au vice et à l'iniquité.

Ouï, ce mot seul d'autorité vous met en fureur. Devant la transfiguration de l'autorité brutale, despotique du passé, en autorité pacifique, familiale que nous annonçons, vous êtes comme ce possédé du tableau de Raphaël, grinçant des dents, montrant le poing, se tordant les membres, blasphémant.

Cet autre mot, *amour*, vous brûle les lèvres. Quand vous le prononcez, il semble n'exprimer pour vous que libertinage, luxure, abrutissement. Entre l'homme et la femme vous le chassez et vous dites : *justice!* Entre l'homme et son frère et même son enfant, vous le chassez encore, et vous vous écriez : *respect!* Mais vous ne vous sentez donc capable de concevoir et pratiquer l'autorité et l'amour que pour exploiter et corrompre vos frères; non pour les élever, les associer, pour vous faire bénir et chérir par eux?

Hélas! que viens-je de dire? Se faire bénir par les hommes! Mais la gloire aussi vous répugne, vous l'insultez aussi. « La gloire, dites-vous, viole ouvertement la justice. La gloire est cet instinct d'enflure ridiculisé dans la fable de la *Grenouille et du Bœuf.* » M. Proudhon, cette gloire-là est la vanité. Ne connaîtriez-vous pas non plus la vraie, la seule gloire, celle qui est l'action de grâces de l'humanité pour le bien qu'on lui a fait? La prohibez-vous comme l'autorité et l'amour? N'y prétendez-vous pas ou ambitionnez-vous celle d'Érostrate, ou même celle de Marat? Malheureux! c'est la honte, ce n'est pas la gloire.

Mais voici encore un mot qui vous offusque et vous gêne, l'*égalité*, et, en vérité, je ne comprends pas pourquoi, car il a été puissamment employé à détruire les supériorités iniques des sociétés du passé.

Après avoir cru démontrer par vos plaisantes équations que l'homme et la femme n'étaient pas égaux avant le mariage, vous vous demandez s'ils sont faits égaux par cette union, et vous répondez : « EN RÉSULTAT (petites capitales) OUI ILS SONT ÉGAUX : le mariage fondé sur un dévouement réciproque, absolu, implique communauté de fortune et d'honneur. *En principe, et dans la pratique*, cette égalité n'existe pas, ne peut pas exister. » Une chose qui existe EN RÉSULTAT, et qui n'existe et ne saurait exister en *pratique*, c'est assez baroque en logique, en métaphysique, et simplement en langage français.

Mais continuons : La femme ne peut soutenir, pour la puissance des facultés, la comparaison avec l'homme, ni dans l'ordre économique et industriel, ni dans l'ordre philosophique et littéraire, ni dans l'ordre juridique. Or, ces trois ordres de manifestations, correspondant aux catégories de l'*utile*, du *vrai* et du *juste*, embrassent les trois quarts de la vie sociale. D'autre part, l'égalité des droits supposant une balance des avantages dont la nature a doué la femme, avec les facultés plus puissantes de l'homme, il en résulterait que la femme, au lieu de s'élever par cette balance, serait dénaturée, avilie. Par l'idéalité de son être, la femme est pour ainsi dire hors prix; elle atteint plus haut que l'homme, mais à condition d'être portée par lui. Pour qu'elle conserve cette grâce inestimable, qui n'est pas en elle une faculté positive, mais une qualité, un mode, un état, il faut qu'elle accepte la loi de la puissance maritale; l'égalité, la rendant odieuse et laide, serait la dissolution du mariage, la mort de l'amour, la perte du genre humain.

Encore une fois, on vous dit, et vous vous croyez un grand raisonneur, est-ce là raisonner? Que de pétitions de principes!

Si la femme atteint plus haut que l'homme à la condition d'être portée par lui, qu'il la porte donc, lui, ou au moins son âme! Or, parcourez le monde entier, et surtout l'Orient, et vous verrez presque partout cet être idéal, hors prix, porter à pied, sur son dos, les enfants, les paquets à ce monsieur qui se prélasse en fumant sa pipe, sur son baudet, sa mule, son cheval ou son chameau.

D'ailleurs, vous attribuez à l'homme la supériorité économique, philosophique et juridique, je l'admets; ces trois supériorités sont assez peu aimables pour n'en pas faire hommage à la femme, mais vous en concluez que ceci embrasse les trois quarts de la vie sociale : ici, je vous arrête, en vous citant d'abord vous-même, et d'abord: « Par l'idéalité de son être, la femme est pour ainsi dire *hors prix.* »

« Le soin de la plus tendre enfance convient mieux au *plus tendre*, au *plus sensible*, au plus compatissant des conjoints.

« La première *initiation du droit et du devoir,* c'est la mère qui la donne. »

Hélas ! pourquoi ne dites-vous pas *de l'amour*, ce serait bien plus vrai ; toute mère n'aspire pas à faire de son fils, et surtout de sa fille, un avocat, mais un brave et honnête homme, une bonne et charmante femme.

« Ce que la femme, le *sexe gracieux*, reçoit par le mariage, du *sexe fort.* » Dites donc *dis-*

gracieux, « et qu'elle *idéalise* à mesure qu'elle l'enseigne à son enfant. » (Non, monsieur, il n'y a pas de femmes professeurs dans les lycées); « Elle devient à son tour, par l'amour maternel, éducatrice du nouvel homme. » Pourquoi n'ajoutez-vous pas : et de la nouvelle femme? C'est que, soyez-en sûr, vous ne songez pas à la femme, vous ne la connaissez pas et vous ne l'aimez pas.

« Le culte que l'homme rend à la femme s'adresse à la *grâce*, à la *pudeur*, à la *beauté*.

« Point de justice sans tolérance. Or, c'est à l'exercice de la tolérance que la femme excelle par la sensibilité de son cœur, par la tendresse de son âme, par son *amour* infini. » Le voilà donc prononcé ce mot affreux et dans sa bonne acception! Grâces soient rendues à celle qui vous l'inspire! « Elle arrondit les ongles tranchantes de la justice, » (elle abat la guillotine, elle brise votre mortelle plume), « elle détruit ses *aspérités*, et d'une divinité de *terreur* fait une divinité de *miséricorde*. »

Ah! je vous tiens, maintenant, impitoyable et méchant raisonneur. Quoi! parce que vous faites de l'économique, de la métaphysique et de la juridique, vous vous prétendez maître des *trois quarts* de la race humaine, vous vous sacrez souverain de l'*utile*, du *vrai* et du *juste*, et vous confessez, néanmoins, que vous êtes le plus faible en *idéalité*, en *tendresse*, en *sensibilité*, en *compassion*, en *initiation morale de l'enfance*, en *grâce*, en *pudeur*, en *beauté*, en *tolérance*, en *douceur*, en *amour !*

A genoux donc, fier Sicambre, à genoux devant votre femme, c'est elle qui vous a appris que votre justice et vous-même n'êtes que de la *terreur*, et que par elle vous pouvez devenir un instrument de *miséricorde*.

Non, vous ne saviez rien de tout cela avant votre mariage ; vous étiez mille fois pis qu'un prêtre pour oser parler de la femme. Mais les angles tranchants de votre âme sont bien loin d'être adoucis, vous les avez tant aiguisés sur votre terrible meule de célibataire ! Vous avez parlé sans le moindre respect, avec iniquité, sans délicatesse, sans modération, sans convenance, sans pudeur, comme un MALE, de plusieurs femmes célèbres, mortes ou vivantes ; vous les avez traduites à votre grossier tribunal, dans votre horrible salle de dissection, sur votre échafaud qui n'est heureusement qu'un tréteau, comme vous l'auriez fait, avant d'être marié, comme vous ne souffririez pas qu'on le fît envers votre mère, votre fille, votre sœur, votre femme.

Grand révélateur de la justice, cela est mal.

Pourquoi, dites-vous, après les bonnes choses que je viens de citer : « Parler d'amour à sa femme, de sympathie, de charité, elle vous comprend ; de justice ? elle n'en reçoit mot. » C'est parce que votre justice brutale l'épouvante et lui semble iniquité ; c'est parce qu'elle ne la voit soumise à aucun principe d'amour, de sympathie, de charité, et qu'elle sent mieux que vous qu'il y a bonne ou mauvaise justice, selon que le cœur préside ou manque ; c'est qu'elle est plus forte que vous en métaphysique, et qu'elle ne se trompe pas comme vous sur ce qui constitue essentiellement la vie : elle sent, elle, que c'est l'amour, la bonté, la charité, et non pas vos balances, vos équations, vos chiffres, vos calculs avec lesquels la moindre erreur écrase des innocents ou arrache des coupables à la correction et au repentir.

Vous dites encore que, « dans toutes les révolutions qui ont la liberté et l'égalité pour objet, ce sont les femmes qui résistent le plus. » Et cela ne vous fait pas réfléchir ? Et vous ne songez pas que l'humanité se composant d'hommes et de femmes, il se pourrait bien, lorsque les hommes réclament très-absolument la liberté *pour eux* et l'égalité *entre eux*, hommes, il se pourrait, dis-je, que ces citoyens oubliassent quelque chose qui manquerait au bonheur commun : par exemple, la liberté de cette autre moitié du genre humain et son égalité avec l'homme. Par exemple encore, tout ce que vous reprochez aux femmes d'aimer aussi passionnément que vous aimez la liberté, c'est-à-dire une autorité, une hiérarchie de talent, de mérite, de charité, de fortune même, de distinctions personnelles manifestées par le goût, par les arts, par cette grâce qui nous manque à nous, mon brave homme, et pour laquelle elles sentent qu'elles auraient quelque chose à dire et à faire dans tous nos plans d'organisation sociale. Et puis ces pauvres mères, elles se disent : Avec tous ces Brutus, pour ne pas dire ces Marat, que ferons-nous de nos enfants? Des sans-culottes, et de nous-mêmes, des tricoteuses! Que préparent-ils pour nous dans leurs assemblées? Songent-ils seulement à nous faire intervenir dans l'éducation de ces chers enfants? Nous consultent-ils sur ce qu'il faut enseigner à nos garçons et à nos filles? Que feront-ils de ces petits anges? des soldats pour aller détrôner tous les rois, des manœuvres pour démolir les églises. Mais nous voulons prier Dieu, ils n'y croient plus, nous y croyons toujours; si l'ancien ne leur plait plus, qu'ils nous en donnent un meilleur, car il nous en faut un, puisque Proudhon nous dit que nous sommes l'*idéal hors prix* de la vie. Et puis il nous faut aussi des chefs, des gouvernants, des cérémonies, des fêtes; nous voulons voir placés très-haut les grands hommes et même les grandes femmes qui honorent la France, qui élèvent et guident notre bon peuple, comme nous élevons nos enfants, qui songent à lui, qui l'aiment bien, qui se sacrifieraient pour lui, pour son bonheur, pour faire cesser ses maux, comme de vrais pères, comme de bonnes mères.

Franchement, dites-moi, dans toutes vos révolutións pour la liberté et l'égalité, un seul de vos Spartacus vainqueurs, a-t-il proposé l'abolition de la peine de mort, l'extinction du paupérisme, la destruction des engins meurtriers qui perpétuent les luttes fratricides? En est-il un seul qui ait rougi de tolérer, d'autoriser, de patronner le plus honteux marché de chair humaine, de chair de femme, la prostitution?

Non, vos Spartacus ne connaissent et n'invoquent que la justice sèche et brutale, telle que vous la concevez et la couronnez vous-même, c'est-à-dire la *justice* exclusive de l'alliance féconde et du concours suprême de *l'amour infini* et de tous les tendres sentiments que, de votre aveu, la femme possède par excellence et sans lesquels, toujours selon vos propres expressions, *il n'y a point de justice.*

P. E.

PUBLICATIONS SAINT-SIMONIENNES

DE 1858 A 1868

POLÉMIQUE ÉPISTOLAIRE

EN RÉPONSE AUX ATTAQUES DE LA CHAIRE CHRÉTIENNE ET DU PHILOSOPHISME PUREMENT CRITIQUE

RÉPONSE AU R. P. FÉLIX

SUR LES

CONFÉRENCES DE NOTRE-DAME

> Le christianisme, debout au milieu des siècles, a pris dans ses deux mains la chair meurtrie de son Dieu crucifié; il l'a élevée assez haut pour que l'humanité pût la voir de partout, et il a dit : Nations, adorez-la; et les nations l'ont adorée.
>
> Ce Dieu-homme, meurtri, flagellé, crucifié, il ressuscitera; et, derrière son Golgotha, il montrera des ouvertures lumineuses qui laisseront voir rayonnants les sommets du Thabor.
>
> (*Conférence du* 14.)

Vendredi saint.

I.—Où est la chair meurtrie, flagellée, crucifiée de l'homme-Dieu? — Dans l'hostie, symbole admirable, merveilleuse figure, chair mystique? — Non! la chair vivante, palpitante, souffrante de *l'homme-Dieu*, en vérité, elle n'est pas là.

Elle est sur les champs de bataille, bénis par

les mains qui élèvent l'hostie, retentissants du *Te Deum* au Dieu des armées, et couverts de frères blessés, mutilés, qui se sont égorgés entre eux.

Elle est dans ces bouges infects, dans ces étables hideuses, où l'homme naît, vit et meurt dans la misère, dans l'ignominie, dans la douleur.

Elle est sur ces calvaires impies, où l'homme, par un renversement sacrilége de la puissance de Dieu qui donne la vie, condamne à mort son propre frère et le tue.

Elle est dans ces ateliers infâmes, où l'homme, la femme, l'enfant travaillent, créent, produisent des merveilles de richesse, où ils s'épuisent comme des brutes, et d'où on les chasse quand ils sont vieux ou infirmes.

Elle est dans ces immondes lupanars, autorisés, réglementés, où la fille du peuple vend sa chair, jusqu'à ce qu'on la jette pourrie à l'hôpital.

Elle est, non pas en moi, si *j'épuise* VOLONTAIREMENT *sur moi toutes les ressources de la douleur*, mais en celui de mes pauvres frères, à qui je puis dire : *Je t'aime parce que tu me représentes Jésus-Christ* flagellé, martyrisé, crucifié *par la brutalité, l'ignorance et la lâcheté humaines.*

Elle est dans le peuple qui souffre par le corps, par l'esprit, par l'âme, et qui, lui aussi, est l'homme-Dieu du Golgotha, montrant ces ouvertures lumineuses qui laissent voir rayonnants les sommets du Thabor.

Oui, le Christ est venu apprendre à l'homme à aimer la chair souffrante, martyrisée et crucifiée, et, pour ce divin enseignement, lui-même a été crucifié; et, durant dix-huit siècles, ses plus fervents disciples, ne comprenant pas même la *lettre* du divin sacrifice, ont cru se faire semblables au Frère de tous les hommes, en SE crucifiant eux-mêmes et en recommandant à tous de SE martyriser comme eux.

Gloire à eux! car ils ont ainsi transmis à travers les siècles la douleur de cette immolation de l'homme-Dieu par les hommes; mais où donc ont-ils vu que Jésus s'était crucifié lui-même?

Ce sont les juifs et les païens qui l'ont crucifié; le Christ n'a enseigné à personne le suicide, et il a défendu l'homicide.

Il a dit de secourir le pauvre, de pardonner à la femme coupable; il a nourri les affamés, guéri les infirmes, rendu à la vie la chair infecte de Lazare, de son ami Lazare; et lorsque de sa bouche tombait cette parole pleine de bonté et de grâce : « Laissez venir à moi les *plus petits !* » croyez-vous que ce fut pour leur inoculer *la passion de la douleur*, pour s'armer contre eux et les armer contre eux-mêmes *du fouet de la flagellation*, *du glaive de la mortification*, enfin pour *martyriser leur chair par les macérations*, *le jeûne*, *les veilles*, *le cilice*, *les chaînes de fer et la discipline ?*

Eh quoi! vous prétendez que, dans nos sociétés contemporaines, plus de dix-huit siècles après la mort de l'homme-Dieu, *la chair est parée, embellie, parfumée; qu'elle est flattée, adulée, caressée; que le corps ne rencontre plus ni une privation qui l'éprouve, ni un souffle qui le blesse; enfin, que le jeûne disparaît, et que l'abstinence, même d'un seul jour, est déclarée impossible.*

Mais de quelle société parlez-vous donc? Quels hommes voyez-vous, aimez-vous, cultivez-vous? Ah! *on* ne jeûne pas, *on* ne s'abstient pas, *on* parfume sa chair, *on* ne rencontre plus de privations, *on* couche sur des roses! Blasphème!

blasphème! car *le corps de Dieu* est encore sur sa croix; car ses pieds et ses mains y sont cloués sanglants, car sa tête porte la couronne d'épines ; car son cœur est percé; car vous lui faites respirer, par dérision, le fiel orgueilleux de *votre abstinence volontaire,* et le vinaigre de mortification dont votre superbe *esprit l'abreuve.*

Oui, mon frère, je vous l'affirme, le *corps de Dieu*, non pas seulement de Dieu-homme, mais *Dieu-humanité*, ce corps divin que vous avez vous-même donné à tous, par l'Eucharistie, par l'enseignement de l'Évangile, par la prédication de la fraternité humaine, cette chair aimée est restée sur la croix.

Qu'est-ce donc que cette partie de la société qui, avec raison, vous afflige, et qui dort sur des roses? N'est-ce pas la très-minime portion du corps de l'humanité? N'est-ce pas celle qui a été le plus cultivée par l'esprit, par votre esprit? N'est-ce pas, pour ainsi dire, la tête, ou même tout au plus le cerveau, le siége spécial de l'esprit humain? Oh! ce n'est pas là le corps humain; ce n'est pas là que la guerre recrute sa chair à canon ; ce n'est pas là que la prostitution approvisionne ses marchés de chair humaine; ce n'est pas là que les prisons et les bagnes ramassent leur tas de matière immonde; ce n'est pas là que les hôpitaux et la guillotine vont chercher leurs cadavres.

Où sont les membres, les muscles, les os et la chair du corps de Dieu-homme transfiguré, de Dieu-humanité? Où est son sang, sa vie de labeur, de travail créateur? Qui donc fait nos demeures, nos vêtements, nos routes, nos ports, nos vaisseaux? Dites! qui nous donne à tous notre pain quotidien?

Est-ce que ce sont ces quelques ouailles que vous flagellez de votre parole, parce qu'elles se parfument et ne veulent plus jeûner? Non! c'est l'immense majorité des hommes; ce sont les travailleurs de nos villes et de nos campagnes; ce sont, ailleurs, les serfs, les esclaves; ce sont des peuples entiers livrés encore à la barbarie; c'est partout la classe la plus nombreuse, la plus pauvre, la plus ignorante, qui n'est point parfumée et qui jeûne, qui souffre dans sa *chair*, autant que dans son *esprit*, et qui, du haut de sa croix, vous crie à vous-même, à vous, ministre du Christ, du fils du charpentier, du libérateur des esclaves : « Mon père! mon père! pourquoi m'avez-vous abandonné? »

Laissez, laissez ceux qu'on appelle les heureux du siècle dormir sur leurs roses ; ils en rencontrent assez souvent les épines qui les déchirent plus cruellement que vos paroles acérées ; mais ne dites plus aux malheureux de ce monde de semer les épines sur leur triste, douloureux et sale grabat ; ne leur dites pas de se priver de viande, quand ils mendient un pain noir ; ne leur conseillez pas le cilice et les veilles, quand ils sont couverts de haillons et de vermine, et que les cris de leurs enfants affamés ne les laissent pas dormir.

Parlez au peuple ; faites venir à vous *les plus petits*, PARVULOS ; donnez-leur des paroles d'espoir ; annoncez-leur la guérison, la résurrection de cette chair de Dieu, qui vit en eux éternellement comme son esprit, et montrez-leur, à l'horizon, les rayonnants sommets du Thabor !

Et quand, à ces petits, vous parlerez des grands, dites-leur qu'il en est parmi eux qui savent le chemin du Thabor, qui les y guideront, qui les aideront à gravir cette sainte montagne de vie, qui y porteront sur leurs puissantes épaules, au risque de succomber sous le faix, les enfants, les vieillards, les femmes des petits de la terre.

Et ne laissez pas croire que tous les grands se bercent mollement et sommeillent dans les voluptés; dites que le Christ est aussi dans leur âme; qu'ils font aussi partie du corps de Dieu· que ces grands sont les frères aînés des petits, possédant l'instruction et la richesse, comme leurs frères cadets possèdent le nombre et la force; prêchez à cette famille de frères l'association, et défendez-leur, au nom du Dieu de paix et d'amour, d'employer leur égale puissance à tenter d'asservir ou de détrôner l'un par l'autre.

II. — Mon frère, vous avez manqué à la charité et à l'humilité, en fermant vos oreilles aux gémissements des victimes *involontaires* de la chair, aux cris des forçats de la misère, alors que vous exaltiez les martys *volontaires* de la chair, ou plutôt les idolâtres victimes de l'esprit. Vous avez péché contre le *saint esprit de Dieu,* en méconnaissant *sa sainte chair,* parce qu'elle est mortifiée, écrasée par le travail et couverte de boue, de larmes et de sang.

Et vous avez, au plus haut point, manqué à la justice et à la vérité. Voyez vous-même!

Vous attaquez une doctrine dont vous exposez d'abord clairement les principes; puis, pour la vaincre dans l'arène que vous vous êtes choisie, et où elle ne peut se défendre, vous la défigurez, vous la travestissez, vous l'inventez; de sorte que vous n'avez plus devant vous qu'un fantôme, monstrueuse création de votre esprit.

Vous dites qu'il existe une doctrine prétendant à l'ÉGALITÉ de la *chair* et de l'*esprit*. Cela est vrai; cette doctrine existe.

Mais, dès que vous prenez vos armes de combat, sur qui frappez-vous? sur des êtres imaginaires qui réclament, dites-vous, la *libre* expansion de la chair, *affranchie* des répressions de l'esprit, qui provoquent la *destitution* de l'esprit, la *destruction* de son royaume, la *domination exclusive*, absolue, autocratique de la chair; qui prêchent (Dieu vous pardonne!) la débauche, la paresse, l'énervement, l'abrutissement, la lâcheté.

Quels sont donc ces hommes et quelle est cette doctrine? Où avez-vous entendu ces énormités et surtout ces contradictions avec le principe que vous reconnaissez être le nôtre, avec le principe d'ÉGALITÉ entre les deux Royaumes de la vie?

Mon frère, cette façon de combattre n'est pas loyale.

Vous ne vous bornez pas même à nous attribuer des idées et des sentiments qui sont diamétralement contraires aux nôtres ; vous traduisez, vous interprétez la parole du grand apôtre, selon les besoins de votre cause. Reprenons cette parole de saint Paul, que vous citez : « La chair lutte contre l'esprit et l'esprit contre la chair. » Pourquoi affirmez-vous que la guerre signalée par l'Apôtre est sans fin, qu'elle durera jusqu'à la consommation des siècles? Si saint Paul avait voulu nous l'enseigner ainsi, il l'aurait dit lui-même ; il s'est servi du *présent* et non du *futur*, il n'a pas dit: l'esprit et la chair *lutteront éternellement* entre eux.

Sont-ce les saint-simoniens qui ont inventé ces mots : Réhabilitation de la chair, résurrection des corps? Ils les ont pris dans l'arsenal des *espérances* chrétiennes, des *prophéties* de l'Ancien et du Nouveau Testament, des pacifiques *aspirations* des Saints.

Eh quoi ! prêtre chrétien, on vous parle de faire cesser la guerre, et vous vous écriez : Impossible ! On vous annonce la fin de cette lutte entre les deux faces de l'être, et vous voulez la continuer à mort !

Non, personne ne vous a dit : La chair est *tout;* mais elle vous crie elle-même qu'elle veut être et qu'elle est *quelque chose*. Elle lutte depuis dix-huit siècles contre l'esprit qui la méprise et veut l'enchaîner parce que cet esprit n'est pas celui de Dieu ; elle sent, elle sait qu'elle est quelque chose ; elle en a eu conscience par les efforts impuissants qui ont été faits pour la comprimer et l'anéantir. Elle veut être reconnue l'ÉGALE de l'esprit ; est-ce à dire qu'à son tour elle doive le mépriser, le flageller et le crucifier ?

Vous qui glorifiez sans cesse l'*esprit*, est-ce à l'esprit de guerre et non à l'esprit de paix et d'amour que le Christ vous a dit de brûler votre encens et d'adresser vos prières ? Vous, chré ien, vous, prêtre, qui dites à tous les hommes : Mon frère ! pourquoi l'*égalité* vous cause-t-elle donc tant d'effroi ? La chair ne saurait-elle aider l'esprit, autant que l'esprit peut lui être bienveillant et secourable ? Ne peuvent-ils s'aimer au lieu de se détester et de se craindre ? Vous croyez donc l'esprit bien faible et la chair bien puissante, puisque vous prétendez qu'ils ne peuvent se toucher, s'embrasser, sans que la chair n'étouffe l'esprit ?

Et pourtant, c'est leur union féconde qui enfante ces créations merveilleuses, gloire de l'homme et vrai culte de Dieu ! C'est l'union sainte de la science et de l'industrie (esprit et chair de l'humanité) qui crée vos cathédrales, qui jette des ponts sur les fleuves, qui étend sur le globe ce réseau d'acier et ces fils électriques, par lesquels la vie humaine circule et fait ressentir instantanément la même pulsation sur tous les points de la terre. C'est elle, c'est l'union de la science et de l'industrie, inspirée par l'amour, qui engendre les arts et chante la gloire et la bonté de Dieu.

O mon Dieu ! combien l'homme peut abuser de l'esprit que vous avez mis en lui, puisqu'il peut ignorer ou méconnaître le vôtre, votre Saint-Esprit d'amour, de charité, de vie !

Oui, mon frère, le temps du sacrifice *volontaire* de la chair humaine est près de finir. C'est assez de dix-huit siècles employés à démontrer à la chair païenne qu'elle ne doit pas opprimer l'esprit, et cette démonstration salutaire, c'est l'esprit chrétien qui, par sa création puissante, l'a donnée complétement, radicalement, absolument. Mais n'abusez pas de la victoire, vous pousseriez votre ennemi vaincu à une révolte légitime et sainte, car il est votre frère, et vous prétendez en faire votre esclave. Vous sentez déjà, et vous le confessez, combien il échappe à votre discipline ; prenez garde !

Quand vous parlez de la chair, vous ne lui supposez que des instincts grossiers, des appétits honteux. N'est-il pas aussi facile à vos adversaires de signaler les excès dégradants de l'esprit, l'abus déplorable que l'homme peut en faire, ses misérables lâchetés, son orgueil, sa duplicité, son égoïsme ?

Croyez-moi, faisons-leur, à l'un et à l'autre, même justice ; cherchons à les rendre sains et saints tous les deux. La première condition pour les guérir et les sanctifier, c'est qu'ils s'aiment, et qu'ils s'aident réciproquement à s'élever vers Dieu, en communiant dans un égal amour l'un pour l'autre et pour Dieu, en qui et par qui ils vivent.

III. — Vous avez tracé un admirable tableau de la transformation humaine opérée par la victoire de l'austérité chrétienne sur les voluptés païennes ; à votre parole, surgissent devant nous des visages que l'art antique, dites-vous, n'a pu peindre, parce qu'il ne les avait jamais rencontrés. C'est vrai ; mais, hélas ! où sont ces ombres que vous évoquez ? Au paradis, sans doute, depuis huit, dix ou douze siècles, car nous ne les rencontrons plus sur la terre. Voyez si nos peintres peuvent les reproduire ; déjà ils s'y sentaient impuissants au quinzième et au seizième siècle ; alors ils retournèrent les yeux vers Rome et vers la Grèce ; ce fut une *renaissance* de la chair, que l'Église provoqua, approuva, qu'elle employa dans son culte. Mais, au même instant, le protestantisme naît et démembre l'Église ; la science sort des cloîtres et les universités partagent avec l'Église le royaume de l'esprit ; l'Orient païen envoie à l'Occident chrétien, par les Arabes et les Juifs, l'algèbre et la chimie, et Aristote s'empare de la moitié de l'auréole de saint Thomas.

Depuis lors, l'humanité perd cette physionomie créée par la sérénité des héros du christianisme naissant, martyrs de leur croyance, convertisseurs de leurs bourreaux, portant sur leur front la majesté de leur foi dans la vie éternelle.

Depuis ce jour, de nouvelles figures apparaissent, inconnues à l'art païen et même à l'art chrétien. D'une part, le mysticisme, l'ascétisme, le rigorisme, et, de l'autre, le jésuitisme naissent ; les uns, honteux des désordres des couvents, du clergé, des chefs mêmes de l'Église, réagissent radicalement contre cette idolâtrie ; ils martyrisent la chair et plongent l'esprit dans l'extase ; l'autre ruse avec la chair pour la capter et s'en servir comme d'un instrument, comme d'un automate, comme d'un cadavre. Sur la figure et le corps des premiers, plus de traces de la vie bonne, tendre et dévouée du Christ ; mais l'empreinte désolée de sa mort misérable. Sur la figure du dernier, finesse, ruse, astuce : Pascal le dessine, Molière le peint ; dans son corps, activité dévorante, basse souplesse, adresse merveilleuse : il règne à la cour de César, qui s'agenouille humblement devant lui.

Vains efforts ! le monde refuse de se modeler sur ces deux types abstraits de l'esprit luttant contre la chair par la violence ou par la fraude ; l'art ne s'empare de ces désolantes ou hypocrites figures que comme d'une tête de mort, pour dégoûter de la vie, ou bien comme d'un monstrueux bélier qu'il retourne contre l'Église, car c'est avec Tartufe qu'il fait une brèche terrible à ses murailles.

C'est que, grâce à Dieu, grâce à Jésus-Christ, grâce à la douce et calme mansuétude, à la tendre puissance de persuasion, à l'irrésistible charité que l'*esprit* avait employées pour se faire accepter par le monde païen, pour s'y faire une place respectée, sacrée; grâce à la merveilleuse valeur qu'il avait déployée à travers les échafauds, au milieu des bêtes féroces du Cirque, sur les bûchers, dans les tortures, le *vieux monde* païen s'était senti pénétré d'une sainte admiration pour cette puissance nouvelle, l'*esprit,* qui venait communier fraternellement avec lui.

Mais lorsque, non satisfait de cette communion fraternelle avec la chair transfigurée par cette communion même, l'*esprit* orgueilleux voulut devenir dominateur à son tour et contester à la *chair* sa place légitime et sacrée; lorsque, dans sa parole superbe, l'*esprit,* enivré de son premier et saint triomphe, osa enseigner qu'il était *tout* et la chair moins que *rien*, que le spirituel, doué d'éternité, l'emportait sur le temporel destiné à périr, que le monde était à tout jamais le royaume de Satan, que le Prince du monde était Satan lui-même, que la chair était vouée éternellement au péché, à la peine, à l'enfer, alors la chair, le monde et les princes du monde protestèrent contre cette infatuation impie.

Et bientôt l'*esprit* se trouva fatalement

poussé aux extrêmes et acculé dans l'impasse de l'absurdité; il ne vit plus que lui, ne songea plus qu'à lui; l'amour de lui-même, l'égoïsme l'aveugla; ses plus fervents adorateurs divorcèrent avec la chair, comme saint François d'Assise, ou l'endormirent, comme Loyola, pour l'asservir au point de lui commander, au nom de Dieu, l'assassinat par des Clément, des Châtel et des Ravaillac, ou simplement pour la corrompre par le dix-huitième siècle sorti de ses écoles.

Impuissante vanité! Dieu vit dans le monde, il inspire son esprit et anime sa chair; l'humanité l'entend qui lui commande, par Bossuet : Marche! marche! Elle avance, laissant de côté dans leurs cellules les *extatiques* niant la *chair;* et sur la place publique les jongleurs de l'*esprit* escamotant la *chair;* faisant vœu d'abstinence et accaparant les richesses; faisant vœu de chasteté, mais convoitant et captant néanmoins l'esprit des femmes, ne fût-ce que pour palper leur héritage; faisant vœu d'humilité, mais directeurs des rois. L'humanité marche toujours inspirée du sentiment de justice divine qui lui avait fait faire place à l'esprit lorsqu'il réclamait humblement la communion d'égalité fraternelle; elle marche et condamne les prétentions folles de cet affranchi plus fier et plus orgueilleux que son ancien maître; elle marche, élevant par la science son *esprit* vers l'esprit infini, et par l'industrie élevant sa *chair* vers la suprême beauté du créateur des mondes.

Elle marche, composant progressivement sa figure, non pas seulement des majestés de l'art du passé, païen ou chrétien, mais aussi des grandeurs propres à l'avenir de paix, d'harmonie, d'amour qu'elle pressent, qu'elle entrevoit, qu'elle touche presque, et qui commence au pied du Thabor.

Cette figure de l'homme pacifique, vous ne la connaissez pas, mon frère, vous ne l'avez jamais vue; ne dites pas que vous ne la verrez jamais, que la terre est livrée éternellement à la guerre et à toutes les barbares passions qui en sont la cause et l'effet. Si ce n'est pas là l'idéal de la mort du Christ sur la croix du passé, n'est-ce donc pas là l'idéal de sa vie? Or, la vie du Christ est éternelle, sa mort est la réalité du temps, du moment, de l'époque de barbarie qu'il venait faire cesser dans le monde et dans le cœur de l'homme. Croyez-vous qu'au Thabor vous retrouverez le doux Jésus sur la croix?

Hâtons-nous de parer, d'embellir l'humanité, afin que, dans la fête de glorification et de joie qui nous est promise, nous ne conduisions pas devant le trône de Dieu une innombrable procession de crucifiés, qui lui rappelle la méchanceté des païens dont son fils, *homme-Dieu*, fut martyr, et qu'il voie au contraire en nous des amants de sa bonté et de sa grâce, qui se sont nourris de cette *chair* de bonté, de cet *esprit* de grâce qu'il nous a envoyés en JÉSUS, pour nous sauver de notre grossièreté et de notre ignorance primitives.

Songez donc que la lutte de l'esprit contre la chair, aussi bien que celle de la chair contre l'esprit, se traduit inévitablement en guerre de l'homme contre l'homme, de peuple contre peuple, et même de l'humanité contre la nature. Ce sentiment belliqueux, batailleur, est le germe de la haine, de la violence, de la ruse, et, si vous le semez dans le cœur de l'homme, il y porte infailliblement ses fruits.

Quelle est cette vie que vous donnez à l'homme, en lui enseignant qu'il porte en lui une guerre vivante et perpétuelle de lui contre lui-même? Vous en faites un manichéen, mais non pas un chrétien. Vous le condamnez au duel de la chair et de l'esprit; et pourtant vous appelez cette doctrine impie de ce double nom : doctrine catholique et du progrès !

IV. — Rappelez-vous que l'Église a condamné comme hérétiques ces hommes que vous nous citez comme ayant été nos maîtres, ces hommes auxquels vous prétendez que nous empruntons nos doctrines, et qui sont, au contraire, les auteurs et les propagateurs de celle que vous prêchez. Qu'étaient Marcion, Cérinthe, Valentin, Carpocrate, que vous nous accusez de rajeunir et de ressusciter? De vrais manichéens mystiques, pétris des doctrines secrètes des sanctuaires de l'Égypte, de la Perse et de l'Inde, rajeunies par une dose excessive du mysticisme platonique et par les rêveries cabalistiques des nombres. Ils étaient, comme les *continents* et les *aquariens* (disciples de Tatien), comme Saturnin, comme l'eunuque Montan, qui est vraiment leur type ; ils étaient des monstres de l'esprit oriental, de véritables eunuques de l'âme, supprimant comme satanique, comme siége de l'empire du mal, comme œuvre de Typhon, d'Arimane, de Siva, cette chair dans laquelle Dieu lui-même s'était incarné par Jésus.

Ils disaient que la matière était mauvaise de

sa nature, que le Christ n'était pas ressuscité dans son corps, et que la croyance à la résurrection générale était impie. Leur but moral était l'*anéantissement du principe matériel ;* leur but politique, la division de la société en deux classes, dont l'une, vouée à la brutalité, était composée de véritables automates, obéissant aux mouvements de la chair et devant périr avec elle. Ils condamnaient le mariage et la procréation des enfants, afin de ne rien donner à la chair ; enfin, écoutez ce que leur fait dire saint Clément d'Alexandrie, vous croirez entendre la confession de ce personnage de Molière dont je viens de rappeler l'hypocrite figure : « J'imite les transfuges qui passent dans le camp des ennemis, sous prétexte de leur rendre service, mais, en effet, pour les perdre. Le mérite n'est pas à fuir le plaisir, mais à en user en maître ; à captiver la volupté sous notre empire, lors même qu'elle nous tient entre ses bras, et je ne l'embrasse que pour l'étouffer. »

Vous le savez aussi, MANÈS disait que Jésus était venu pour délivrer les *âmes* et non les *corps ;* que la fin de l'homme consiste à dégager de la *matière, création du démon,* l'*âme* humaine, portion de la lumière divine ; qu'il n'y avait pas à attendre de résurrection de la chair. Vous n'ignorez pas que cet hérétique, venu de la Perse, avait une doctrine secrète et une doctrine publique; que les manichéens usaient de dissimulation, de supercherie, de parjure, en affectant une morale austère et une vie mortifiée, un extérieur modeste et composé ; vous savez enfin que le grand et doux saint Augustin lui-même faillit s'y laisser prendre dans sa jeunesse, comme le fier et rude Tertullien était tombé dans une semblable hérésie; mais vous n'ignorez pas non plus comment le souffle puissant du grand évêque d'Hippone balaya cette sale poussière et en purifia le monde.

Mon frère, c'est à regret que je vous le dis : relisez saint Augustin.

Comment osez-vous nous présenter le christianisme comme une réaction contre l'adoration du *plaisir*, au moyen de l'adoration de la douleur que l'homme trouve *plaisir, joie* et *gloire* à se causer à lui-même? Certes, l'Évangile nous enseigne à aimer celui qui souffre, le pauvre, le faible, le malade, le criminel même, le crucifié; mais, encore une fois, il ne nous ordonne pas d'être les bourreaux de nous-mêmes, de nous martyriser, de nous suicider[1]. Non, le christianisme n'est point une croyance de réprobation et d'anathème ; il est venu pour accomplir et non pour détruire ; il ne hait point le passé, il enseigne l'avenir ; il n'a pas horreur d'Hercule purgeant la terre des monstres qui la dévorent ; il adore toujours la force, la santé, la grâce, la beauté, la richesse, employées à relever le faible, l'infirme, le disgracié, le laid, le pauvre. Pour lui, le corps est sanctifié par une volonté sainte, car la grâce divine sanctifie le *corps* et l'*esprit*[2].

Non, la parole du Christ n'est pas un verbe d'opposition, de contradiction ; l'Évangile n'est pas une manichéenne antithèse ; il ne sème pas dans le cœur, dans l'esprit, dans la chair de l'homme, de la famille, de la société, l'ivraie malfaisante, stérilisante de la lutte, de la guerre, de la mort, mais le bon, l'excellent grain d'union, de paix et de vie.

1. *Cité de Dieu*, L. I, chap. 17. — « Celui qui se tue lui-même est homicide. Combien doit-on s'abstenir du meurtre de soi-même ! » — (L. I, chap. 27, titre.) « S'il était permis de se tuer pour éviter le péché, il faudrait le faire aussitôt après le baptême. »

2. *Cité de Dieu*, L. I, chap. 16 et 28.

Mon frère, relisons ensemble notre maître; écoutez saint Augustin enseignant la divine natrue et le saint et légitime usage de *la chair*[1].

« Qu'entend l'Écriture par ces mots : *Vivre selon la chair* (ce qui est certainement un mal, quoique la *nature de la chair ne soit pas un mal*)? Pour résoudre cette question, méditons ce passage de l'épître de saint Paul aux Galates : « Les œuvres de la chair sont évidentes : « adultère, impureté, impudicité, idolâtrie, em- « poisonnements, inimitiés, contestes, jalousie, « animosité, dissension, hérésie, envie, ivro- « gnerie, débauche et autres infamies. » Ce passage de l'Apôtre pourra servir à résoudre ce problème : Qu'est-ce que vivre selon la chair? Car, entre ces œuvres de la chair qu'il dit évidentes, qu'il énumère et coordonne, je ne trouve pas seulement celles qui se rattachent à la *volupté sensuelle*, comme l'impureté, l'impudicité, l'ivrognerie, la débauche; j'en trouve d'autres qui prouvent même que les *vices* de l'*âme* sont étrangers à cette volupté charnelle. Qui ne voit, en effet, que l'idolâtrie, les empoisonnements, les querelles, les jalousies, les animosités,

1. *Cité de Dieu*, L. XIV, chap. 2, 3, 5, 6, 7.

les dissensions, les hérésies sont *plutôt des vices de l'âme que du corps?* Ne peut-il arriver que l'idolâtrie *ou l'hérésie ne soit souvent une raison de* S'ABSTENIR *des voluptés de la chair ?* Et c'est précisément lorsque l'homme paraît *mettre un frein à ses désirs impurs* que, par l'autorité de l'Apôtre, il est convaincu *de vivre selon la chair ;* et dans cette *abstinence* même *des plaisirs charnels*, la preuve réside qu'il pratique *les œuvres damnables de la chair*.

« Prétendre que la *chair* est cause de l'immoralité et de tout vice quel qu'il soit, que l'*âme* vivant ainsi n'obéit qu'aux impressions *de la chair*, c'est ne pas méditer sérieusement sur toute la nature de l'âme... Ce n'est pas la chair corruptible qui a rendu l'âme pécheresse, c'est l'âme pécheresse qui a rendu la chair corruptible. Quoique de la corruption de la chair naissent certain attrait vers le vice, certains désirs déréglés, *gardons-nous toutefois d'attribuer à la chair tous les désordres de la vie*, car ce serait justifier le démon QUI N'EST PAS DANS LA CHAIR.

Ainsi, nos excès et nos vices n'exigent nullement que nous élevions contre la nature de la chair une accusation injurieuse au Créateur...

Louer, en effet, comme le souverain bien, la nature de l'*âme*, et condamner comme un mal celle de la *chair*, c'est aimer l'une et fuir l'autre CHARNELLEMENT.

« Ce qui importe, c'est le caractère de la VOLONTÉ de l'homme; si elle est déréglée, ses mouvements sont déréglés; si elle est droite, ils seront, non-seulement *irréprochables*, mais *dignes d'éloges*.

« La VOLONTÉ droite est l'*amour* légitime, et la VOLONTÉ dépravée l'*amour* dépravé[1].

« L'impureté n'est pas le vice des *corps* parés de grâce et de beauté, mais de l'âme qu'un amour dépravé entraîne vers les voluptés corporelles, au mépris de la TEMPÉRANCE qui nous unit aux beautés spirituelles, aux *grâces incorruptibles*.

« Quoi de plus beau que le feu et la flamme, et son ardeur et sa lumière! Quoi de plus utile quand il *échauffe* et *purifie !* mais quoi de plus cruel quand il brûle! Donc, le même élément est, SELON SON EMPLOI, une cause de douleur ou de bien-être. N'écoutons pas ceux qui louent sa lumière et blâment son ardeur; car c'est le juger

1. *Cité de Dieu,* L. XII, chap. 4, 5, 8.

non *selon sa nature,* mais dans son rapport accidentel avec nous ; c'est oublier que toute lumière elle-même, agréable à l'œil sain, blesse l'organe malade.

« TOUTES LES NATURES SONT BONNES.

« L'Écriture dit, après chaque création particulière : *Et Dieu vit que cela était* BON. Et après l'œuvre entière accomplie : *Et Dieu vit tout ce qu'il avait fait, et tout cela était* TRÈS-BON[1].

« Les natures mêmes corrompues ne sont que viciées, car, en tant que natures, elles sont *bonnes*[2].

« TOUTES CHOSES TENDENT A LA PAIX[3].

« Ainsi, la paix du corps c'est le tempérament ordonné de toutes ses parties ; la paix de l'âme irraisonnable, le repos bien ordonné de tous ses appétits ; la paix de l'âme raisonnable, l'accord bien ordonné de la connaissance et de l'action, la paix du corps et de l'âme ; la vie et la santé bien ordonnées de l'être animé... Dieu a donné à l'homme certains biens convenables à cette vie, c'est-à-dire la paix temporelle et tout

1. *Cité de Dieu,* L. XII, chap. 23.
2. *Cité de Dieu,* L. XII, chap. 3.
3. *Cité de Dieu,* L. XIX, titre du chap. 12.

ce qui est nécessaire au maintien ou à la recouvrance de cette paix, les éléments, par exemple, qui sont à la convenance et dans le domaine de nos *sens;* il lui a donné la lumière visible, l'air respirable, l'eau, notre breuvage, tout ce qui sert à la nourriture et au vêtement du *corps,* à son soulagement ou à sa parure, sous cette condition équitable que tout mortel qui, de ces biens appropriés à la paix des mortels, aura fait un LÉGITIME USAGE, en recevra de plus grands et de meilleurs, à savoir la paix même de l'immortalité[1].

« Le Médiateur de vérité nous montre que le péché seul est un mal et non la substance ou la nature de la chair... Ainsi, le principe qui a pris une *âme* et une *chair* est celui qui purifie l'*âme* et la *chair* du croyant[2].

« Les superbes (les platoniciens) ont refusé de prendre notre Dieu pour maître, parce que le VERBE *a été fait* CHAIR *et a habité parmi nous*[3].

« Puis-je souffrir (dit Sénèque) Platon ou Strabon le péripatéticien, qui veulent, le premier

1. *Cité de Dieu,* L. XIX, chap. 13.
2. *Cité de Dieu,* L. X, chap. 24.
3. *Cité de Dieu,* L. XI, chap. 29.

un dieu sans *corps,* l'autre un dieu sans *âme?...* Sénèque ajoute, en parlant des païens : Celui-ci se retranche la virilité, celui-là se fait au bras des incisions... Dans leurs temples, *ils se martyrisent à l'envi.* Des blessures, du sang, voilà leurs prières [1].

« Ce qu'ils ne voient pas (certains hérétiques), c'est l'excellence *de chaque chose dans son milieu naturel,* et l'admirable ordonnance de toutes, et le contingent de beauté dont elles embellissent, chacune en particulier, la république universelle, et l'utilité qu'elles nous procurent, si nous savons en faire *un usage légitime et éclairé;* en sorte que les poisons mêmes, pernicieux par leur disconvenance, *convenablement employés,* deviennent de salutaires remèdes. Et voyez, d'autre part, comme les objets les plus agréables, la nourriture, le breuvage, la lumière, se dépravent par l'*abus* et l'*inopportunité* de la jouissance. C'est ainsi que la Providence nous avertit de ne pas jeter sur ces *choses* un blâme téméraire, mais d'en rechercher attentivement l'utilité... En réalité, nulle part le mal n'est une substance, il n'est que la priva-

1. *Cité de Dieu,* L. VI, chap. 10.

tion du bien... Faut-il s'étonner que ceux qui croient à l'existence d'une nature mauvaise refusent de reconnaître la bonté de Dieu[1]?

« L'individu ne sent-il pas en lui la concupiscence de l'esprit contre la chair et de la chair contre l'esprit[2].

« L'Apôtre ajoute : *L'un et l'autre se combattent, et vous ne faites pas ce que vous* VOULEZ : or, que voulons-nous faire quand nous cherchons le souverain bien, sinon que ce DIVORCE cesse entre les désirs de l'*esprit* et les convoitises de la *chair*[3]*?* »

Quel langage de conciliation, de modération, d'union, de paix, de religion! Bon Dieu! combien cette excellente parole contraste avec la vôtre, mon frère! Vous prêchez ce *divorce* entre les plaisirs désordonnés et égoïstes du corps, de la chair, de la richesse, et les douleurs désordonnées et égoïstes de la mortification, de la macération, de la misère. Eh quoi! entre la cupidité et la mendicité, entre la débauche et *des flagellations qui entament même le domaine de la vie personnelle* (ce sont vos horribles

1. *Cité de Dieu,* L. XI, chap. 22.
2. *Cité de Dieu,* L. XV, chap. 4.
3. *Cité de Dieu,* L. XIX, chap. 4.

paroles), vous ne trouvez pas à mettre en lumière *l'union, l'harmonie*, le *mariage* de la chair et de l'esprit, c'est-à-dire les véritables vertus chrétiennes, les vertus de tout être fini, imparfait, de tout être qui n'est pas Dieu, mais seulement de Dieu et en Dieu, à savoir : *la modération, la tempérance, le bon usage, l'emploi légitime* des dons du corps, des fruits du travail créateur, des fécondantes et bienfaisantes richesses de la terre !

V. — En témoignage de votre foi dans l'excellence des pratiques de mortification de la chair, vous nous citez les victimes volontaires du jeûne, de l'abstinence et des tortures.

Mais puisque vous êtes catholique et non protestant, pourquoi ne nous dites-vous point, en désignant ces bourreaux de leur corps, que ce sont des papes, des cardinaux, des évêques, les chefs de la hiérarchie catholique, les maîtres suprêmes de toute discipline, qui ont particulièrement donné l'exemple de ces excès d'ascétisme, de cette renonciation aux pompes de la matière, de cette horreur pour la chair tentatrice, pour le corps démoniaque, pour les sens corrupteurs et corrompus ?

Vous ne le dites point, parce que cela n'est

pas, parce qu'il serait impossible de mentir ainsi à l'histoire, parce que le catholicisme vit dans des cathédrales et non plus dans des catacombes ou des thébaïdes, parce qu'il a appelé dans son culte, au lieu de les proscrire, les moyens *matériels* de parler de Dieu aux hommes par les beautés de l'architecture et de la sculpture, par l'harmonie des sons, de la couleur, des formes, de la lumière, par la splendeur du costume, par la dignité du maintien, par la grandeur dont sont emprcintes ses cérémonies, par la valeur charnelle de ses symboles mêmes : le pain, le vin, le sel, l'huile, le lin, l'encens.

Vous nommez, à la vérité, les martyrs, les solitaires et les anachorètes; mais les martyrs étaient martyrisés et ne se martyrisaient pas; ils savaient souffrir; l'Église défendait même de chercher volontairement le martyre. « Notre discipline, disait saint Cyprien, défend que personne ne s'offre de lui-même aux païens; il suffit de parler lorsqu'on sera pris. » (*Histoire du Christianisme*, l. VII.) Quant aux solitaires et aux anachorètes, ils furent des exceptions de plus en plus rares, et depuis longtemps ils n'existent plus.

Enfin, vous citez des pénitents de tous les

rangs et de toutes les conditions; seraient-ce des laïques que vous désignez ainsi, et qui voilent sous leur vêtement bourgeois la croix et le cilice? Mais, encore une fois, que prouve cet argument mondain, cette fantaisie individuelle dans la bouche d'un catholique, lorsqu'on la rapproche de la pratique générale des chefs légitimes de la milice le plus fortement organisée, hiérarchisée, gradée selon le mérite?

Hélas! vous ne pouvez pas même prétendre que ces crucifiés volontaires se sont trouvés dans les ordres religieux qui ont, pour ainsi dire, défriché l'Europe, qui ont enseigné aux esclaves des Romains le moyen de s'affranchir par le travail, par la culture; qui, depuis le xe siècle jusqu'au XIIe ont plus contribué au progrès de l'*industrie* humaine, à l'amélioration du sort *physique* des classes laborieuses, à la production des *richesses*, que n'y concouraient, à côté d'eux, les princes du *monde*, les maîtres de la *terre*, les hommes de la *chair*, les soldats de *César*.

Non, mon frère, vous ne pouvez pas trouver vos héros à la tête du catholicisme, alors qu'il convertissait le monde, c'est-à-dire, alors que son *esprit* de paix cherchait à pénétrer le *corps* humain, à prendre place en lui, à communier fraternellement avec lui, mais non pas encore à le dominer, à l'exploiter, à l'absorber en lui.

Pour découvrir vos héros, à moins que vous ne vouliez vous arrêter à quelques figures excentriques, véritables stylites, pâles copies des faquirs de l'Inde, des ascètes et mystiques de l'Orient, types isolés d'une abstraction, natures exceptionnelles tolérées par l'Église, mais non classées et hiérarchisées par elle, pour découvrir, dis-je, vos héros, vous êtes forcé d'arriver jusqu'au XIIIe siècle.

Alors, en effet, les *Flagellants* paraissent; ils sont surnommés les *Frères de la Croix;* le dominicain Reinier, vers 1260, prêche en Italie les flagellations publiques, et pour arrêter cette hérisie religieuse, les papes la condamnent comme indécente, contraire à la loi de Dieu et aux bonnes mœurs. Près d'un siècle plus tard, en Allemagne, un *dominicain encore,* Tauler, auteur de l'*Imitation de la* PAUVRE VIE de JÉSUS; un augustin, Thomas de Strasbourg; *un chartreux*, Ludolphe, auteur d'une vie du Christ; Ruisbeck, surnommé le *docteur extatique*, renouvellent cette folie, et le pape Clément lance contre eux l'anathème; les princes et les évêques d'Allemagne les exterminent, et Philippe de Valois les empêche d'entrer en France. Enfin, en 1414, un fanatique, nommé Conrad, tente de ressusciter encore les *Flagellants* ; mais l'inquisition les brûle par centaines, afin d'intimider ceux qui auraient été tentés de renouveler les désordres de ce ridicule et sanguinaire fanatisme.

Eh bien ! ces *Flagellants,* Frères de la Croix, chantaient :

> Or avant, entre nous tous, frères,
> *Battons nos* CHAROGNES *bien fort*
> En remembrant la grant misère
> De Dieu et sa piteuse mort.
> . . . .
> Au nom de ce, *battons plus fort.*

Dieu me garde, mon frère, d'user envers vous de représailles inconvenantes, mais en vérité, nous avons infiniment moins rajeuni et ressuscité Marcion, Cérynthe, Valentin et votre illustre Carpocrate, dont vous avez sans doute déterré le nom burlesque pour le jeter plaisamment à la face, que vous n'avez mis en lumière, célébré, exalté les Flagellants, Frères de la Croix, *épuisant sur leur corps toutes les ressources de la douleur.* Ce fameux Carpocrate, lui aussi, était insensible, comme tout bon gnostique, aux aiguillons de la douleur et aux délectations de la volupté ; mais, encore une fois, l'Église a condamné toutes ces folies, tandis que vous, au contraire, vous décernez la couronne de sainteté à des esprits insensibles dans leur chair.

Hélas! ce malheureux Carpocrate se croyait aussi un saint, parce qu'il regardait toutes les émotions de la vile matière comme en dehors et au-dessous de lui, comme se passant dans un corps étranger, méprisable esclave de son esprit; et, de ce principe qui ressemble terriblement au vôtre, les Carpocratiens (quel nom!) déduisaient très-logiquement des conséquences et une pratique de vie nécessairement abominables, pour lesquelles ils ont été justement réprouvés.

C'est encore au XIVe siècle que paraissent les Fratricelles ou Frérots, affiliés aux Besaciens et aux Béguins de France, et aux Beghars d'Allemagne ; les Dulcinistes, les Apostoliques, les Frères et Sœurs du *libre esprit,* enfin les SPIRITUELS, si bien nommés, comme vous l'allez voir.

Tous étaient inspirés et constitués par et pour une violente réaction contre la vie, alors licencieuse, de la plupart des catholiques et d'une partie du clergé ; tous commençaient par la mortification et la macération de la chair, par la misère et les haillons, par l'extinction du corps et l'exaltation de l'esprit, par l'absence du travail et la mendicité, mais tous, sans exception, *finirent par le libertinage, l'orgie, le vol, l'assassinat et* L'EXCOMMUNICATION.

Tel est, en effet, le résultat inévitable de la guerre impie des deux faces de la vie humaine, l'esprit ou l'intelligence, et la chair ou le corps; mais ce n'est pas là le christianisme, sainte *incarnation de l'esprit :* et ce n'est pas là non plus le catholicisme jusqu'à Grégoire VII. Alors, il est vrai, l'Église prend orgueilleusement possession du *monde,* dont jusque-là elle n'avait songé qu'à partager fraternellement la puissance; alors, les deux royaumes et les deux glaives passent dans ses ambitieuses mains; alors, elle se croit maîtresse des dominations et de la richesse de la terre; enfin la papauté s'incarne dans une famille princière de riches marchands, et les Médicis éclipsent toutes les splendeurs, mais aussi toutes les hontes de la chair, de la terre et du monde.

C'est dans un pareil moment que s'élève de toutes parts, au sein même du clergé le plus fervent, du fidèle le plus dévot, un cri formidable de malédictions contre cette Babylone nouvelle, contre cette adultère enivrée de sa prostitution.

Luther et Calvin tonnent contre Rome, le schisme anglican sape l'Église, et les saints de la milice sacrée, comme expiation des désordres de leurs frères, réguliers et séculiers, par réaction contre cette avidité charnelle de l'Église, se plongent d'abord dans le bain de pauvreté du séraphique François d'Assise, et plus tard, s'évaporent en extase, avec sainte Thérèse, dans les mystiques ravissements de l'esprit; tandis que Rome n'invente, pour se défendre contre la révolte universelle, que les Jésuites!

J'en appelle à tous vos souvenirs, à votre science de l'histoire de l'Église : est-il une seule des sectes condamnées pour son dévergondage charnel qui n'ait pas fondé sa foi, sa prédication, sa règle, sur ce principe, sur ce dogme *du mépris de la chair*, de la lutte de l'esprit contre elle, de son origine satanique, de son néant aux yeux de Dieu pur esprit? Toutes n'ont-elles pas repoussé l'incarnation divine, la résurrection promise des corps, comme des impiétés païennes, comme l'idolâtrie? Toutes n'ont-elles pas traité la matière comme une ennemie qu'il fallait combattre et détruire, ou comme un vil instrument dont on pouvait se servir sans frein et sans règle, indifférent qu'il était à la vie spirituelle, qui seule à leurs yeux constituait la sainteté?

Or, comment pouvez-vous nous comparer à votre indécent Carpocrate et à tous ces sectaires de l'esprit, contempteurs de la chair, se vautrant sur elle durant leur diabolique extase?

Ne dites-vous pas vous-même que nous avons foi dans l'ÉGALITÉ de la *chair* et de *l'esprit?* Citez-nous donc une secte condamnée et même un couvent réformé qui aient professé cette foi. Vous ne le pouvez pas.

Nous croyons aussi à l'ÉGALITÉ du souverain et de ses sujets : que pouvez-vous y trouver à redire, vous, serviteur des serviteurs de Dieu; vous, membre de l'Église dont le souverain est le Saint-Père; vous frère du Christ lui-même? IL vous l'a dit.

Enfin nous voulons l'ÉGALITÉ de l'homme et de la femme; mais que n'a donc pas tenté le christianisme pour aider la femme à s'affranchir de la brutale domination de l'homme, pour l'élever, mère, épouse et fille, à la hauteur du père, de l'époux et du fils!

Vous croyez sans doute qu'il n'y a plus rien à faire dans ces trois directions, si clairement tracées dans l'Évangile. Vous croyez même que dans l'homme, dans la société, dans la famille, cette ÉGALITÉ sainte des deux principes de vie est une dangereuse hérésie. Vous pensez que l'*incarnation de l'esprit par le* SAINT-ESPRIT, c'est-à-dire par l'AMOUR (incarnation dont Jésus est le modèle le plus divin et le plus humain), est un enseignement de GUERRE de l'*esprit contre la chair*. Vous croyez que celui dont la parole a partagé le monde en royaume de l'esprit et royaume de la chair, a voulu que l'un fît perpétuellement la guerre à l'autre, et que, dans chacun de ces deux royaumes, le souverain et les sujets, l'autorité et la liberté ne se sentissent pas peser d'un poids égal dans la balance de la justice de Dieu, et fussent toujours en lutte d'oppression et de révolte, de despotisme ou d'anarchie? Enfin vous avez foi dans l'éternelle INÉGALITÉ de l'homme et de la femme, dans la fatale subalternité de l'une à l'autre, quand, depuis dix-huit siècles, Marie s'élève, grandit, est exaltée de nos jours jusques aux cieux; lorsque la mère du Fils de l'Homme est presque divinisée maintenant à l'égal de son Fils?

« Jésus-Christ, dites-vous, est né pauvre; Jésus-Christ a vécu pauvre; Jésus-Christ est mort pauvre; il eut pour naître la crèche de Bethléem; il eut pour grandir la maison de Nazareth; il eut pour mourir son trône du calvaire; pauvre au commencement de sa vie, n'ayant pas même de langes pour se couvrir; pauvre au milieu de sa vie, n'ayant pas même où reposer sa tête; pauvre surtout à la dernière heure de sa vie, où il parut dans un absolu dépouillement, épousant sur la croix la divine pauvreté,» et vous en concluez qu'il faut *nous* dépouiller, *nous* exténuer et MENDIER! Et vous posez devant nous comme un modèle de la vie humaine, comme un Christ des temps actuels, comme un nouvel *Ecce homo,* un CAPUCIN! Vraiment, mon frère, c'est déplorable!

Non, encore une fois, ce n'est pas la pauvreté que le divin pauvre nous dit d'aimer, c'est LE PAUVRE, *afin qu'un jour parmi nous il n'y ait plus de pauvres*. Ce n'est pas la souffrance que le pauvre crucifié veut que ses frères adorent, c'est *le souffrant.* Ce n'est pas une sale crèche et de sordides haillons que ce pauvre fils du chapentier nous commande de donner pour berceau et pour langes aux enfants du peuple; et il ne crie pas, comme vous le prétendez : A moi les pauvres! Il dit avec douceur :

Laissez venir à moi les plus petits; mais du haut de sa croix, il ordonne à tous, et surtout aux pharisiens, aux scribes, aux sépulcres blanchis, aux simoniaques, à tous ceux qui possèdent la science, la richesse, la puissance, d'aimer le pauvre, de LE DÉLIVRER DU MAL, c'est-à-dire de l'affranchir de l'ignorance et de la misère, afin qu'il soit digne de recevoir de Dieu la liberté!

Mais que puis-je vous dire? Vous trouvez que le capucin porte sur sa face le trait de grandeur retrouvée, dites-vous, dans la pauvreté *volontaire,* ce trait qu'on peut nommer, au sens le plus rigoureux, selon vous, la MAGNANIMITÉ? Mon frère, vous feriez rougir tous ces bons et obscurs mendiants, si vous leur adressiez un sermon commençant par ces mots : Capucins magnanimes!

Vous dites aussi aux pauvres volontaires qu'ils sont libres; libres de mendier, c'est vrai; libres de quêter chez le prochain une dîme sur ses travaux, une part de sa nourriture, de son vêtement, de son logis, disons le mot, une portion de la fortune d'autrui; mais je ne reconnais pas là un seul trait de la sainte liberté, de la noble magnanimité; gardez pour ces bons pères l'humilité, c'est tout ce que vous pouvez faire de mieux pour eux ; et vous êtes dans la vérité : ils sont humbles et humiliés.

VI. — Mon frère, vous êtes dur et injuste envers vos adversaires, mais aussi vous êtes bien tendre et bien partial à l'égard de vos amis. Aux uns et aux autres vous prêtez libéralement des intentions mauvaises ou bonnes, et vous leur supposez des vices ou des vertus que les premiers ne vous ont pas confessés et dont les derniers ne se vantent à personne. De même que jamais capucin ne s'est trouvé et ne s'est dit magnanime, de même les hommes que vous combattez, et auxquels, vous le dites vous-même, vous voulez bien accorder estime et amour, ne vous ont jamais donné le droit de dire qu'ils sont *dévorés de l'ambition de posséder,* et que leur amour de la fraternité, de la liberté, que leur dévouement n'est qu'un masque, une parole menteuse qui cache leur *avidité.*

Que savez-vous de l'usage que nous faisons, que nous avons fait, que nous ferons toujours des fruits de nos travaux? Remarquez bien qu'en parlant de nos travaux productifs, je veux les comparer aux tentes que saint Paul tissait et vendait pour vivre, pour avoir la force de semer par le monde la parole de vie. Alors pour lui, comme aujourd'hui pour nous, la foi ne donnait pas de quoi vivre ; ce fut assez longtemps après saint Paul que l'on put dire : *Le prêtre vit de l'autel.* Nous n'en sommes pas là.

Êtes-vous bien certain que nous n'employons pas le produit de nos tentes, d'une part, à propager notre foi, qui n'est pas salariée, comme le sont plusieurs et spécialement la vôtre ; de l'autre, à soutenir, à relever, à guérir nos pauvres, à qui nous n'infligeons pas la discipline, à qui nous ne conseillons pas de se l'infliger à eux-mêmes ? Hélas ! ils ne souffrent déjà que trop !

Pourquoi, sur quel motif, au moins apparent et plausible, nous présenter comme des *spoliateurs avides* ? Prenez-y garde, mon frère ! Songez que, de votre côté, vous dites aux riches de SE dépouiller de leurs biens. Or, en faveur de qui voulez-vous qu'ils se dépouillent ? Vous ajoutez, il est vrai : « Jetez *loin de vous* ce lourd fardeau de la richesse ? Mais, est-ce *loin de vous-même* aussi, loin de ce qui constitue votre vie, votre bonheur, votre intérêt, votre gloire qu'ils doivent jeter ce lourd fardeau ? Non ; c'est *tout près de vous,* c'est au pied de vos églises, de vos communautés. Eh bien! néanmoins, mon frère, je le déclare hautement, je vous respecte et je vous honore, parce que j'ai foi que, malgré l'apparence, vous n'êtes pas *ambitieux de possession, avide du bien d'autrui, spoliateur* de ceux que l'autorité de votre parole entraîne à se dépouiller de leurs richesses et à vous en couvrir. Je vous respecte et je vous aime, parce que je crois que vous voulez, de ce manteau du riche, couvrir la nudité bien involontaire du pauvre; parce que vous brûlez, j'en suis sûr, de soulager l'abstinence forcée, le jeune forcé, la macération forcée des enfants chéris de Dieu Bon, avec le superflu, l'excès des richesses de leurs frères; parce que vous conseillerez certainement au bon riche (et c'est à ce conseil religieux que je vous convie) de *s'enrichir davantage encore*, afin de se faire bénir par plus d'infortunés; parce que vous entraînerez ainsi les puissants à soutenir les faibles; parce que vous ferez ainsi accomplir la volonté de Dieu, révélée par le *divin pauvre, incarné dans l'humanité*.

Mon frère, vous vous dites intrépide, parce que vous nous attaquez; en vérité, vous vous trompez sur notre puissance, mais avant tout sur nos sentiments; vous n'avez rien à craindre de nous.

Je me crois plus intrépide en me défendant contre vos injustes attaques ; car vous êtes une puissance, une grande puissance de ce monde, et je ne suis rien. Je vous respecte dans votre personne, dans le corps auquel vous appartenez, dans la foi générale que vous aviez mission de représenter, et vous ne pouvez respecter ni ma foi, ni ma mission, ni ma personne, puisque vous les croyez contraires à la vie, à la doctrine, à l'Église de Jésus-Christ. Vous êtes dans l'erreur. Je suis bien votre frère dans l'amour du pauvre, mais non de la pauvreté, dans l'amour du faible, mais non de la faiblesse ni des faiblesses; dans l'amour du dépouillé, du flagellé, du crucifié, mais non dans l'amour du haillon, du fouet et de la croix, pour moi ni pour mes frères.

Oui, nous sommes frères en Jésus-Christ, mais c'est qu'il n'est pas vrai, comme vous le dites, que, pour gagner Jésus-Christ, vous avez *méprisé tout le reste;* que Jésus-Christ soit votre patrie, votre père, votre mère, vos frères et vos sœurs, qu'il soit *votre* TOUT. Si vous en étiez là, vous seriez mille fois plus à plaindre et à blâmer qu'un panthéiste ; car si Dieu vous a dit de l'aimer *par-dessus toutes choses*, il vous a dit aussi que vous ne pouviez parvenir à ce suprême amour *qu'en aimant votre prochain comme vous-même*. Or, qui est le prochain? Ce sont vos frères et vos sœurs, votre père et votre mère, votre patrie, l'humanité. Jamais Dieu n'a dit à l'homme de quitter, de délaisser, d'abandonner *tout cela* pour le mieux aimer; c'est une interprétation impie, judaïque, littérale, d'une parole sévère contre les attachements égoïstes, mais non contre l'amour généreux qui relie l'homme à sa famille, à son pays, à l'humanité. C'est, en vérité, pécher contre le SAINT-ESPRIT.

Doutez-vous encore de moi? Eh bien! prêchez contre la guerre que se font les nations dix-huit siècles après la mort de Celui qui est venu enseigner aux hommes qu'ils étaient tous frères; prêchez contre le droit que s'arroge Caïn de tuer son frère; oui, prêchez contre la peine de mort, au nom du Divin crucifié; prêchez contre la richesse égoïste, sans entrailles, sans cœur, qui abuse lâchement de la puissance qu'elle possède, pour laisser exténuer de jeûnes, de privations, d'humiliations, votre pauvre frère, pour acheter, perdre et souiller votre malheureuse sœur, fille du pauvre; prêchez contre la misère et l'ignorance qui ronge le corps, l'esprit et le cœur du peuple travailleur, et que doivent combattre les maîtres de la science, les possesseurs de la richesse; prêchez contre le détachement, le délaissement, l'abstention, l'indifférence des grands *esprits* et des *corps* puissants et forts, à l'égard des esprits et des corps privés de lumière et de force; prêchez ce que prêchait saint Paul : la vraie charité, l'amour; alors, vous verrez si je ne suis pas votre frère en Jésus-Christ, qui a été crucifié parce qu'il était cette charité même, répandant le bien-être sur les souffrants et les affamés, et prodiguant sa vie pour réveiller et ressusciter les morts.

Que l'Église commande cette sainte croisade, afin de délivrer le corps véritable de Jésus-Christ, qui est en nous, et qui souffre mort et passion dans le pauvre tombeau où il repose; non pas à Jérusalem, mais dans la chair de tous les faibles *membres du corps humain,* qui sont ses propres membres chéris, flagellés, couverts de sang et de boue.

Prêchez cette croisade, Père Félix, avec la chaude éloquence que vous mettez au service d'un cause froide, triste, désolante, d'une cause qui n'est plus de ce temps, qui ne réveille dans les âmes que des passions de contrainte, de compression, de bataille, et vous verrez si je ne suis pas vraiment de tout cœur,

Votre frère,

P. E.

Mon frère, au moment où je termine cette réponse, je reçois votre sixième conférence. C'est toujours l'amour et l'imitation de la souffrance et de la misère de Jésus-Christ, et non la passion de faire cesser la souffrance et la misère du Christ incarné en nous et dans nos frères.

Heureusement vous confessez que la Providence veut aujourd'hui une *rénovation*, *un immense progrès de l'amour de Jésus-Christ*; et vous vous écriez : « Ce progrès, comment s'accomplira-t-il ? »

Il s'accomplira, mon frère, en ramenant l'amour du Dieu vivant parmi les vivants, après l'avoir si longtemps consacré au divin mort ; car le divin mort est immortel, et vit aujourd'hui, comme hier, comme demain. Il vivait avant Hérode et après Pilate : il EST en vous, en moi, en tous, de toute éternité, en tout lieu, dans toute vie. IL EST notre amour même, notre bonté pour nos frères pauvres et souffrants. C'est LUI qui nous commande, non de nous rendre pauvres et souffrants nous-mêmes, mais d'aider nos frères pauvres et souffrants à SE guérir de leur misère et de leurs douleurs, afin qu'ils puissent bénir Dieu de leur avoir donné la vie, et nous bénir nous-mêmes, pour avoir communié avec eux par notre concours fraternel.

Tel est le progrès d'amour dont Jésus-Christ a si divinement formulé la loi : *Aime ton prochain comme toi-même, et Dieu par-dessus toutes choses.* Cette loi éternelle de morale et de religion attend, en effet, de nos jours, une rénovation, un progrès, non dans son principe, mais dans son application au sein de la famille humaine, qui, grâce à Jésus-Christ ne reconnaît plus d'esclaves et ne compte plus que des frères.

L'humanité, que le Verbe chrétien a virtuellement pénétrée de la divinité de cette loi d'amour, aspire à la réaliser dans son organisation religieuse et politique.

Ce progrès, mon frère, cette rénovation de l'amour, c'est en vérité la transfiguration de ce divin mort que vous adorez toujours sur sa croix, et qui VIT; c'est son incarnation dans l'humanité tout entière; c'est la foi qu'en *réalité,* et non point en mystique figure, nous sommes tous ses membres ; que nous voyons et touchons ses plaies dans les plaies et les douleurs de nos frères; que notre bonté pour eux est SA bonté, et leur reconnaissance envers nous SA divine amitié pour nous-mêmes.

Mon frère, le monde ne voit pas le Dieu vivant, toujours présent; montrez-le-lui. Je le vois en vous, à cet instant même, tandis que vous ne le voyez ni en moi ni en mes frères, et que vous ne le montrez que sur la croix, au temps de Pilate. Je le sens en moi, quand j'ose me défendre contre vous ; il est mon bouclier et ma force, car j'affirme, à vous et à tous, que MAINTENANT SON ROYAUME EST DE CE MONDE.

P. E.

NOTE D'ENFANTIN

SUR

LE POUVOIR TEMPOREL

Un de mes amis, M. Desplanches, avait écrit à Mgr l'évêque d'Orléans, à l'occasion des débats sur le pouvoir temporel. Cette lettre était restée sans réponse. M. Desplanches en adressa une seconde ; Mgr Dupanloup chargea son grand vicaire, M. l'abbé Lagrange, d'y répondre.

A mon tour, je répondis à M. le grand vicaire. Ce sont ces deux lettres, la seconde de M. Desplanches et la mienne, que je publie ici.

Je les fais suivre d'une seconde lettre de moi, sur ce sujet, adressée à un de mes amis, et qui est le développement et le complément indispensable de ma lettre à M. l'abbé Lagrange ; malheureusement, cette correspondance n'a rien perdu de son actualité; la question capitale qu'elle traite est toujours pendante. La solution pratique de si graves problèmes exige sans doute autant de ménagements de la part des hommes d'État, que la solution théorique doit exciter de persévérance et même d'impatience chez les penseurs.

Jusqu'ici ces lettres n'avaient été communiquées qu'à un petit nombre d'intimes amis ; j'ai cru devoir les publier, parce qu'elles se rattachent en bien des points à mon travail sur la vie éternelle.

CCCLXXIX[e] LETTRE

A M. DUPANLOUP

ÉVÊQUE D'ORLÉANS

Colombes, 17 octobre 1860.

Monseigneur, déjà j'ai eu l'honneur de vous adresser une première lettre, il y a un an, au sujet de la réponse que vous aviez faite alors à la célèbre brochure : *Le Pape et le Congrès*.

Cette lettre est restée sans réponse, et cela ne ne m'a pas surpris. Quoi qu'il en soit, si vous avez daigné la lire, et s'il vous en est resté quelque souvenir, vous me rendrez cette justice, que mes prévisions sur la question du pouvoir temporel du Pape se sont en partie réalisées.

Cependant, à Dieu ne plaise que je croie l'Église vaincue pour cela! Mais elle est profondément humiliée dans la personne de son chef suprême. Dans une situation aussi critique, sans précédent, devrait-il se contenter de prier, de gémir et d'implorer inutilement le secours des peuples et des rois? « Le silence des peuples est la leçon des rois. » Or, le silence des rois et des peuples est aujourd'hui assez significatif envers la papauté.

Et pourtant l'Église n'est et ne peut être vaincue, car elle renferme en elle-même un principe de vie impérissable; mais, je le dis hautement, ce n'est qu'à la condition d'être tout....... ou rien.

Du jour où l'Église catholique partagea le pouvoir avec César, c'est-à-dire depuis la fondation de l'Église gallicane, on la voit décliner peu à peu dans sa puissance temporelle et spirituelle; 89 vint enfin prononcer radicalement le divorce entre l'Église et le Monde, et ce qui s'accomplit aujourd'hui en Italie, à Rome même, n'est que la conséquence logique des principes de la Révolution française. Dans cette crise suprême, dans cette lutte de la liberté contre l'autorité catholique, que doit faire le catholicisme? Je l'ai dit et je le répète, l'Église ne succombera pas, c'est ma conviction intime; mais à une condition : c'est qu'elle embrassera ce qu'elle a rejeté de son sein comme impur et mauvais en soi, je veux dire « ce qui fait aujourd'hui la vie des nations » : la Raison, la Science, la Politique, l'Industrie.

Si l'Église veut réaliser ses prétentions à l'universalité, elle doit nécessairement modifier ses dogmes dans ce qu'ils ont d'exclusif, d'inflexible. Et qu'on ne dise pas que c'est impossible, l'histoire prouve le contraire : l'Église est souverainement libre, le dogme tout récent de l'Immaculée Conception en est la preuve. C'est incontestablement une inconséquence, mais une heureuse inconséquence, car c'est un pas en avant; qu'elle en fasse de plus grands encore, qu'elle fasse des réformes plus radicales, et elle triomphera; car ses adversaires, les rationalistes, les savants, les industriels, tout-puissants aujourd'hui, n'ont pas pour eux, quel que soit d'ailleurs leur mérite, la conscience *morale* et *religieuse* de leur puissance; elle n'est qu'*un fait*, en dehors de toute doctrine *humanitaire, morale* et *divine*.

Mais, Monseigneur, la logique de vos adversaires est impitoyable, elle vous enserre dans vos abstractions, vous étouffe dans vos propres dogmes, dans votre mysticisme, et vous souffrez, parce qu'en réalité là n'est pas la vie. Osez, osez donc embrasser dans un nouveau dogme la vie *divine* et *humaine*, ne scindez plus ce qui est *un* en Dieu et dans l'humanité; alors vous serez fort, vous serez réellement religieux, dans l'acception universelle du mot.

C'est une utopie, et une utopie qui n'est pas nouvelle, direz-vous, je le sais; d'autres l'ont déjà enseignée, et mieux que je ne le pourrais faire; mais n'oubliez pas, d'une part, qu'à son origine, le christianisme ne fut aussi qu'une sublime utopie, condamnée par les puissances d'alors; et, d'une autre part, que Dieu, dans ses desseins providentiels, se sert quelquefois des humbles, des petits, pour enseigner la vérité aux puissants de ce monde.

Si j'étais Pape, ou simple prêtre, j'affirmerais ma foi nouvelle à la face du monde entier; simple et obscur penseur, j'ose, Monseigneur, l'affirmer devant vous.

On n'improvise pas une religion, je le sais; le christianisme s'est enté sur le judaïsme. Jésus n'a-t-il pas dit qu'il était venu accomplir la loi de Moïse et non la détruire? De même, nous, Saint-Simoniens, nous voulons réaliser *spirituellement, moralement* et *matériellement* l'Évangile du Christ et la Genèse de Moïse.

A l'œuvre donc! que l'Église, la Genèse d'une main, l'Évangile de l'autre, reprenne l'initiative. Son rôle est en avant, non en arrière. Là est son salut et celui du monde entier.

Agréez, Monseigneur, l'assurance de mon profond respect.

DESPLANCHES.

CCCLXXXᴱ LETTRE

A M. L'ABBÉ LAGRANGE

GRAND VICAIRE DE MONSEIGNEUR L'ÉVÊQUE D'ORLÉANS

Paris, 5 décembre 1860.

Monsieur l'abbé, je vous sais gré d'avoir senti que j'écrivais sincèrement, avec une parfaite bonne foi, et que ma parole sortait d'une âme généreuse; je suis reconnaissant de la réponse que Mgr l'évêque d'Orléans vous a chargé de me faire.

Permettez-moi d'y voir un commencement de justice rendue par l'Église catholique à des idées et à des hommes qu'elle a considérés jusqu'ici comme hostiles à sa foi, quoiqu'ils n'en demandassent que le progrès, le développement, par interprétation nouvelle et plus large de son dogme.

Mais vous dites que je ne sais pas, que je ne comprends pas son dogme.

C'est ce que l'Église a toujours répondu aux

hérésies, aussi bien à celles qu'elle a cru avoir vaincues en Orient, et qui ont enfanté l'islamisme et la religion grecque, qu'aux schismes qui, dans l'Occident, trônent en Angleterre, en Prusse et dans le Nouveau-Monde. C'est ce qu'elle a répondu imperturbablement à cette foule croissante et innombrable aujourd'hui de philosophes, de savants, d'artistes, d'industriels, qui se sont échappés de ses mains, qui repoussent sa foi, qui n'appartiennent à aucune *communion*, et qui se sont réfugiés dans l'*égoïsme* où ils s'efforcent en vain d'entraîner le monde.

Non, Monsieur l'abbé, ce n'est point parce qu'on ne sait pas le dogme enseigné depuis dix-huit siècles, qu'une pareille dissolution du corps du Christ s'est opérée.

Si un tel cataclysme ne provenait que d'un *malentendu*, ce serait d'ailleurs la plus terrible condamnation de ceux qui se disent chargés de porter la parole et d'enseigner.

Vous reprochez aux âmes généreuses qui s'occupent des questions sociales, et spécialement aux Saint-Simoniens, de s'isoler de l'Église, de se séparer de son esprit ; mais pourquoi cet isolement et cette séparation s'opèrent-ils avec une rapidité que chaque siècle, chaque jour accélère?

Est-ce le monde, est-ce l'Église, ne sont-ce pas au moins tous les deux qui doivent dire : *meâ culpâ ?*

Pourquoi, d'ailleurs, m'adresser personnellement ce reproche, au moment où je viens à vous, où je cherche à m'attacher à votre esprit, avec l'espoir, avec la certitude qu'il renferme, plus que vous ne le croyez vous-même, le salut du monde.

L'Église n'a pas rejeté, dites-vous, la science, la politique, l'industrie; mais il ne suffit point de ne pas rejeter, il faut féconder ces champs où l'humanité cultive la semence de Dieu; il faut être générateurs du *savoir*, du *vouloir*, du *pouvoir* humains; il faut se placer à la tête des *idées*, des *sentiments* et des *actes* par lesquels l'homme s'affranchit de l'*ignorance*, de la *brutalité* et de la *misère*.

Vous n'avez pas *rejeté* la science, à l'époque où les universités et les académies sont nées en dehors de l'Église; ce sont elles qui vous ont rejetés, éclipsés, dépassés, renversés.

Vous n'avez pas *rejeté* la politique, alors que la papauté a eu le malheur de faire, par les Médicis, de la politique à la mode de César; mais vous avez adopté, patroné et pratiqué une vieille politique qui commençait elle-même, grâce au christianisme, à mourir dans le monde : la politique du sabre, de la force, de l'hérédité, la politique païenne, la politique des temps où les peuples étaient esclaves. Or, tandis que l'Église se mettait à copier des rois et des empereurs, à rivaliser avec eux de magnificence, à lutter contre leurs armées, voici que des rois, des empereurs et des peuples la rejetaient, comme trop mondaine, et que la politique des nations marchait vers l'affranchissement, vers la liberté.

Non certes, vous n'avez pas *rejeté* l'industrie, alors que vos vaillants moines défrichaient la France et l'Europe entière; vous l'honoriez, vous la dirigiez, vous la sanctifiiez, vous sentiez qu'elle délivrerait le travailleur chrétien de la servitude de la glèbe; mais, hélas! pourquoi les successeurs de ces héroïques travailleurs se sont-ils transformés en moines fainéants? Pourquoi les chefs de ces laborieux couvents, de ces utiles abbayes, prenant exemple de la cour de Rome, se sont-ils recrutés parmi les cadets des familles princières, rivalisant de luxe et de frivolité avec les marquis? Aussitôt, les travailleurs des villes et des campagnes, *rejetant* à leur tour le couvent et l'Église, se groupèrent dans la *commune*, qui continuait leur affranchissement, tandis que vous, ministres du Christ, vous les mainteniez encore dans votre servitude seigneuriale! Aussi, qu'arriva-t-il? l'industrie se développant sans vous, grandit contre vous. Oubliant même les services que vous lui aviez rendus, dans vos grands siècles de labeur, elle ne fut frappée que de ce que lui coûtait de sueurs votre oisiveté; si bien qu'en un jour, moines, couvents, abbayes, bénéfices, petits-collets, furent emportés par la grande tourmente populaire.

Pourquoi donc me croyez-vous égaré ou hostile, lorsque je dis à l'Église qu'elle ne peut se sauver qu'en redevenant maitresse des sources de son établissement, de son progrès, de sa gloire, en reconquérant la direction de la science, de la politique, de l'industrie? Pourquoi m'accusez-vous de me *séparer de votre esprit,* lorsque je vous indique les motifs qui *séparent* le monde de vous, de vous qui êtes séparés de lui, qui l'avez laissé marcher seul vers l'avenir, tandis que vous vous immobilisiez dans le passé, dans la vie d'un monde qui est mort, dans les tombeaux du douzième et du treizième siècle.

Est-ce que ce sont vos moines qui, dans ce

siècle-ci, ont opéré ce merveilleux défrichement du globe qu'on appelle les chemins de fer? Sont-ce eux qui labourent les mers de leurs vaisseaux, comme jadis la terre de leurs charrues? Sont-ce eux qui posent ces miraculeux fils par lesquels, en dépit de l'espace, en un instant *communient* les peuples? Font-ils tomber ces barrières qui séparaient les nations chrétiennes comme des industries rivales, toujours prêtes à se frauder, ou même à se ruiner et à se combattre?

Dieu merci, votre dogme, pas même votre discipline, ne vous défendait de faire tout cela. Pourquoi en avez-vous laissé le mérite à d'autres, vous qui aviez bien su, pour arracher l'humanité à la science, à la politique et à l'industrie païennes, vous poser, jusqu'à Grégoire VII, comme maîtres de la science, de la politique et de l'industrie chrétiennes?

Grégoire VII! Pie IX!

Est-ce que ces deux noms, rapprochés l'un de l'autre, ne vous expliquent pas tout le travail des siècles qui séparent ce héros et ce martyr de la papauté? Croissance et virilité! déclin et caducité! c'est là vie des institutions, aussi bien que la vie des hommes.

Pourquoi, me blâmer si je crois à la résurrection, si j'aspire à une vie nouvelle pour l'Église, plus puissante, plus glorieuse que sa vie passée?

Grégoire VII, malgré la lettre de l'Évangile, s'éleva jusqu'à dominer César, parce que César c'était le paganisme ; c'était l'épée, c'était la puissance livrée au hasard de la naissance, contrairement à l'Église, qui la décernait par l'élection et selon la capacité, quelle que fût la naissance. César était encore le régime des castes, avec le peuple esclave ou serf; le règne de César n'était pas la fraternité chrétienne, c'était, au contraire, un obstacle radical à la réalisation de cette fraternité. Grégoire VII dominait les rois pour les *christianiser*, tandis que ses successeurs se laissèrent peu à peu *paganiser* par les vanités de leur pouvoir temporel. Alors, sur la porte du temple, parurent Luther, Calvin, Henri VIII, précédant Bacon, Rousseau, Voltaire et les révolutions d'Angleterre et de France.

Dès lors, et surtout depuis un siècle, le sentiment chrétien, je dirai même le Christ, s'est incarné dans l'humanité, à mesure que l'Église se laissait déposséder de sa mission spirituelle par les soins qu'elle donnait à cette caduque et rétrograde puissance temporelle dont elle s'était si malheureusement affublée. Si bien qu'on peut affirmer que la société civile est actuellement plus fraternelle, plus démocratique, plus charitable au pauvre, au faible, au peuple, en un mot plus chrétienne, que ne l'est, dans l'exercice de sa vaine puissance temporelle, l'Église de Rome.

Comment tous les amants de Dieu, qui rendent une éclatante justice à l'Église, tant qu'elle fut militante contre la société païenne, ne seraient-ils pas effrayés et affligés de la voir, en ce moment, descendre de chute en chute vers l'abîme ouvert devant elle, et qui lui donne à elle-même le vertige?

Vous me traitez avec peu d'indulgence, Monsieur l'abbé, en prenant *à la lettre* ce que j'ai dit de la nécessité de *modifier* le dogme, car vous reconnaissez vous-même qu'il appartient à l'Église de l'*interpréter,* de le *définir,* de le *constater,* de le *manifester.* Pour l'Immaculée Conception spécialement, vous ne niez point qu'elle n'ait été remise en lumière, au moins pour les fidèles, à qui cette croyance n'était point ou n'était plus enseignée.

Je ne vous en demande pas davantage. Ce n'est pas hors de vous, c'est en vous que je vous engage à rechercher la lumière qui a si longtemps illuminé l'Église comme phare de l'humanité, et je cherche moi-même à dégager cette lumière de l'obcurité empruntée dont l'Église s'est couverte, en prétendant, comme César, être *reine de ce monde*.

Non, votre royaume n'était pas de *ce monde*, alors que saint Augustin, saint Jérôme, saint Basile, saint Clément, saint Grégoire convertissaient *ce monde* d'idolâtrie, de guerre et de servitude, et travaillaient à édifier la cité nouvelle d'amour, de paix et de liberté. Ces grands chrétiens n'étaient pas *princes de ce monde*, les fidèles ne les nommaient même pas servilement, lâchement, princes de l'Église; ils les appelaient glorieusement, tendrement, Pères de l'Église.

Je ne vous demande pas plus d'*inventer* pour le dogme que pour la discipline. N'avez-vous pas eu l'*élection* du prêtre, le *mariage* du prêtre? N'avez-vous pas eu le prêtre laboureur, industriel, commerçant? Que dis-je, hélas! dans votre monstrueuse parodie du rôle du César païen, n'avez-vous pas eu, à Malte, le prêtre-soldat, déposant son armure sanglante pour boire à l'autel le sang du pacifique Crucifié?

L'histoire de l'Église est un arsenal qui renferme toutes les armes; je vous demande d'y chercher celles qui conviennent à ce siècle et à l'avenir, parce que ce sont celles-là seulement qui, dans les siècles passés, l'ont fondée, l'ont fait grandir, ont arraché l'homme à sa barbarie primitive et l'ont préparé pour le travail, la paix et la liberté; c'est-à-dire, pour la Jérusalem nouvelle que Dieu vous a donné mission d'annoncer.

Que la volonté de Dieu soit donc faite *sur la terre*, parmi les vivants, comme *dans le ciel*, parmi les morts !

Or, vous dites que votre Église est la permanence du Christ sur la terre; eh bien! votre dogme vous défend-il de croire que cette divine permanence du Christ n'est un privilége pour personne, et que le *Fils de l'homme* vit dans l'humanité tout entière? Songez que, grâce à l'enseignement de l'Évangile, l'homme et les peuples n'admettent plus que les pasteurs soient d'une autre race et même d'une autre caste que les troupeaux. Pasteurs d'hommes, chefs d'hommes sont des hommes, ne sont que des hommes et non des divinités païennes; car il a été dit que le Christ s'est fait homme, afin que tout homme se glorifiât de cette divine incarnation.

Votre croyance en la permanence du Christ dans l'Église catholique *seule* n'est pas dogmatique; et cependant, c'est d'elle que découle l'infaillibilité papale, ou simplement l'infaillibilité du pape en concile. C'est d'elle aussi qu'est sortie cette rude formule : hors de l'Église pas de salut; c'est sur elle que se fonde l'excommunication, et, dans l'ordre temporel, la guerre religieuse et même la peine de mort. Cette croyance d'orgueil, d'exclusion, suffit à elle seule pour expliquer les désastres de l'Église catholique, depuis qu'elle s'en est infatuée. Alors, elle n'a pas seulement altéré, elle a modifié la croyance des premiers chrétiens, et surtout celle du grand Apôtre des nations, qui savait si bien chercher et trouver, parmi les Gentils, ce Christ qu'il y portait lui-même, c'est-à-dire des *frères*.

Faites que le Christ qui est en nous se manifeste, aidez-nous à le mettre en lumière, mais ne prétendez pas le posséder seuls en permanence, le dispenser selon votre bon plaisir, l'interdire à qui, sans vous, le sent ou, peut-être, l'ignore en lui-même; car IL est là !

Oui, je sens, aux bonnes, généreuses et humaines intentions de mon cœur, que le Christ vous parle par ma bouche, quand j'implore l'Église, afin qu'elle recherche en elle-même les sources oubliées de sa gloire, et qu'elle tarisse celles de sa honte et de ses défaites ; car ces dernières ne lui appartiennent pas en propre, elle avait elle-même mission de les tarir dans ce monde, elle les a empruntées aux princes de ce monde, et elle s'est laissée entraîner dans leurs flots, où sombre, en ce moment, la barque de saint Pierre.

Dieu ne frappe que pour éclairer. Croyez-le, c'est avec cette pensée religieuse que je contemple et que je voudrais voir l'Église contempler ses malheurs. Hélas! quand le protestantisme l'a démembrée, elle a lancé contre lui l'anathème, elle a excommunié ses propres membres séparés du tronc; mais ce tronc est resté immuable comme une statue de bronze mutilée sur son piédestal. Et quand les philosophes l'ont sapée et ébranlée dans ses fondements, elle s'est assise immobile sur la *Somme* de saint Thomas, brûlant les œuvres de Rousseau et de Voltaire, sans daigner faire un examen de conscience par un retour sur elle-même. Enfin, quand les révolutions renversaient toutes les puissances du vieux monde et creusaient les fondations d'un monde nouveau, elle pleura et gémit, comme si, elle aussi, était de ce vieux monde mourant et avait oublié son éternité.

Et pourtant ce monde nouveau sort des entrailles du Christ; ce n'est plus le monde des nations, des races, des castes, de la naissance, de la guerre, de la servitude; non! c'est le monde de l'humanité, de la fraternité, de la paix, de la liberté, de la récompense selon les œuvres.

Mère qui l'avez enfanté, vous méconnaissez donc votre enfant! Vous l'avez allaité, vous avez inspiré et dirigé sa jeunesse; mais, depuis qu'il est homme, vous ne comprenez plus ses actes, vous ne vous associez plus à sa pensée; et lorsqu'il vous demande le pain de la vie, vous croyez pouvoir le traiter en enfant, et lui présenter encore le sein épuisé de sa nourrice!

Mère! si du moins vous n'étiez pas sur un trône vermoulu; si votre main, au lieu de porter débilement une houlette parodiant un sceptre, était encore glorieusement chargée du bâton apostolique; si votre royal, mais précaire temporel, était l'humble, mais éternel salaire du travailleur, si vous étiez, comme nous tous, mêlée aux travaux des champs et des villes, si vous gagniez, comme saint Paul, votre pain à la sueur de votre front; si vous daigniez, comme tous vos enfants, vivre de la vie humaine ; ô Mère ! si vous étiez peuple, vous reconnaîtriez votre enfant.

Oui, c'est le peuple que le Christ a enfanté par l'Église, c'est le fils du charpentier qui est le père du peuple, car avant lui, le peuple n'existait pas ; il y avait des rois, des princes, des nobles et aussi des affranchis, mais pas de peuple : des esclaves, un bétail !

Grâce à Dieu, l'Église, depuis un demi-siècle, se recrute dans le peuple ; en France surtout, elle n'est plus l'apanage des familles princières. Là peut se trouver son salut. Les enfants du peuple, ordonnés prêtres, retrouveront les titres perdus de l'Église chrétienne ; fiers de leur double origine, de leur double caractère, prêtres et prolétaires à la fois, ils sentiront que l'Église s'est perdue en s'appuyant sur les rois qui résistent à l'opinion du peuple, et qu'elle ne peut se sauver qu'en s'associant à l'avenir du peuple, en communiant avec ses espérances, en réalisant sur la terre, avec lui, par lui et pour lui, l'Évangile de charité universelle, divin testament de Jésus-Christ.

Ne voyez-vous donc pas que toutes les puissances temporelles, qui ont voulu ou qui veulent lutter contre cette aspiration de tout peuple chrétien à la dignité d'homme et de citoyen, se sont perdues ou se perdent? Comment pourraient-elles sauver ou seulement soutenir l'Église?

Or, l'Évangile, le dogme et l'histoire de l'Église abondent en préceptes et en exemples favorables à cette élévation sociale que les peuples réclament et à laquelle ils touchent déjà. Ce n'est plus seulement le tiers état, c'est le peuple, c'est l'humanité tout entière qui veut être *quelque chose;* et cela sera, malgré le pouvoir temporel du Pape, malgré l'Autriche, malgré le denier de saint Pierre, parce que Jésus-Christ l'a prédit et le veut.

Montrez-nous donc dans l'Évangile, dans le dogme, dans l'histoire de l'Église, cette volonté de Dieu en faveur de la communion universelle à laquelle le peuple prétend participer. Que le prêtre soit le guide du peuple dans les efforts qu'il fait pour conquérir son droit dans la cité nouvelle; qu'il soit son avocat auprès des classes et des individus qui se croient encore seigneurs et maîtres; qu'il leur prêche la fraternité humaine, l'égalité civile, la honte du despotisme, de l'abus de la force, l'horreur de la guerre.

Qui vous oblige, dans le dogme chrétien, à

nommer Dieu le Dieu des armées? Ce hideux souvenir de Mars ou cette inintelligente copie de la barbarie juive ne souillent-ils pas le sacerdoce chrétien? Eh bien ! vous qui redoutez tant d'innover, d'inventer, chassez de la langue religieuse, de la discipline religieuse, et même des interprétations ou commentaires sacrés du dogme, toutes les innombrables réminiscences païennes ou bibliques qui obscurcissent ou dénaturent la pensée de Jésus-Christ, la clarté de l'Évangile. Si vous ne voulez rien ajouter, retranchez, et vous vous rapprocherez ainsi de la vérité. Ce ne sera pas, pour l'Église, donner des démentis à la foi, que de renier les faux dieux qu'elle a eu, passagèrement, la faiblesse d'encenser. Sans doute, il est pénible de confesser qu'on a fait fausse route, mais c'est lorsqu'on ignore la véritable ; au contraire, lorsqu'on la connaît, pour l'avoir soi-même ouverte, on reprend joyeusement son rang en tête de la colonne. L'humanité marche sans vous, hors de vous; elle vous laisse à l'arrière-garde, parmi les traînards impotents, invalides ; montrez-lui que vous êtes encore dignes d'être ses guides; relevez le saint drapeau de liberté que vous avez abaissé devant les vieux maîtres de la terre et de l'homme; vous vous êtes retournés vers le passé, faites volte-face et marchez vers l'avenir!

Avant de terminer cette longue lettre, je vous prie, Monsieur l'abbé, de vouloir bien jeter les yeux sur le livre que je vous envoie; il contient une *Correspondance religieuse*, adressée à un parent de l'auteur, qui est une personne aimée et estimée de Mgr l'évêque d'Orléans (M. Albert du Boys, de Grenoble). J'espère que ce livre, mieux que ma lettre, vous fera comprendre combien nous désirons de bonne foi, en toute sincérité de cœur, le réveil de l'Église.

Agréez, Monsieur l'abbé, avec ces vœux reconnaissants, l'expression de mon respectueux hommage.

Pour mon ami Desplanches,

P. E.

P. S. Au moment où j'allais clore cette lettre, j'apprends un fait bien grave qui ne confirme que trop les regrets que je viens de vous exprimer, sur la situation déplorable de la royauté temporelle de l'Église.

Après dix-huit siècles de christianisme, c'est

encore une fois Jésus de Nazareth, roi des Juifs, qu'Israël bat de verges et crucifie.

Mais aussi, pourquoi cette Église superbe, fondée et bâtie par le fils de Dieu, a-t-elle négligé le culte du Seigneur sur la terre, au point de confier à Israël les fonctions primitives du diaconat?

Pourquoi a-t-elle accepté qu'il embrassât dans un réseau de fer le domaine de saint Pierre, et qu'il devînt maître des routes qui conduisent les fidèles à la demeure du Vicaire de Jésus-Christ?

Pourquoi leur emprunte-t-elle les subsides de ses malheureuses armées, et la dépense de sa triste cour? Pourquoi, enfin, demande-t-elle *crédit* à qui n'a pas sa *croyance?*

C'est que l'Église a oublié que la science et l'industrie sont les bases du véritable culte, c'est-à-dire de la culture de la terre, domaine sacré du créateur des mondes.

Et nunc erudimini, qui judicatis terram!

NOTE D'ENFANTIN

La lettre qui précède a été communiquée à plusieurs amis; quelques-uns d'eux, tout en approuvant les idées qu'elle renferme, se sont étonnés qu'elles fussent adressées à un prêtre, et que la lettre tout entière fût un témoignage d'espoir dans le concours que pourrait donner encore l'institution catholique au progrès de l'humanité.

« C'est peine perdue, disent-ils, le catholicisme a rempli sa tâche; il est destiné à disparaître prochainement; il est mort. »

Cette opinion ne me paraissant pas conforme à la croyance au progrès, à la foi dans la perfectibilité de l'homme et des institutions humaines, et, la considérant comme purement négative, j'ai cru de mon devoir de la combattre dans la lettre suivante, adressée à celui de mes amis qui exprimait le plus rudement son peu d'espoir dans le réveil, ou, si j'ose le dire, dans la conversion *Apostolique* de l'Église, redevenant *Universelle* et non plus *Romaine*,

CCCLXXXᴱ LETTRE

A ARLÈS

Paris, 6 février 1861.

Mon cher ami, vous pensez qu'en demandant à l'Église de redevenir chrétienne, je cherche à résoudre un problème impossible, ou, comme vous le dites, à *blanchir un nègre*. Permettez-moi de vous répondre que vous vous trompez doublement : d'abord, parce que l'Église n'est pas si noire qu'elle le croit elle-même ; ensuite parce que ma lettre n'a pas seulement l'Église en vue, puisque vous avez bien voulu la lire, et que nous ne sommes pas beaucoup plus blancs qu'elle.

L'Église se croit noire, parce qu'elle est recouverte de fétichisme, d'idolâtrie, de polythéisme et de césarisme, mais le dessous est blanc. Elle se croit noire, comme elle croit que le successeur de saint Pierre est un César. Elle se trompe.

Et nous nous trompons aussi sur nous-mêmes, quand nous nous croyons vêtus des couleurs de l'innocence ; parce que, malgré l'Évangile, nous portons sur notre corps, blanchi par le Christ, toutes les vieilles loques et la défroque trouée du césarisme, du polythéisme, de l'idolâtrie et du fétichisme.

Au fond, nous sommes *humains;* dans la forme, nous sommes, comme disent les Chinois, des *barbares.*

Vous jugez l'Église comme si elle n'était pas de ce monde, comme si elle n'avait pas dû être composée, comme si elle n'était pas composée d'hommes.

Comparez la série historique des papes à celle des rois, la série des cardinaux à celle des ministres, les évêques aux intendants, aux préfets, aux gouverneurs de province, les curés aux maires, et enfin les peuples chrétiens à ceux qui ne le sont pas; je crois que vous serez alors plus juste à l'égard de l'Église, et que vous ne désespérerez pas plus d'elle que de ce qui n'est pas elle.

Oui, mon cher ami, nous sommes tous, elle et nous, solidairement responsables de la situation présente; c'est à nous tous à réaliser les destinées futures de l'humanité; et le monde n'est pas tellement digne et capable d'atteindre ce but, qu'il puisse briser un instrument non moins digne et capable de concourir à cette œuvre commune.

D'ailleurs, je ne demande pas à l'Église de croire et de faire ce que je voudrais voir le monde croire et faire. Je pourrais résumer ainsi mon double désir : que l'Église et le monde prennent confiance l'un dans l'autre pour l'accomplissement de la mission commune; l'amélioration du sort moral, intellectuel et physique de l'humanité, chacune des deux parties y concourant selon ses moyens propres, selon ses facultés spéciales.

Vous n'avez pas confiance dans l'Église; elle vous le rend bien, c'est tout naturel. Si cette confiance réciproque doit et peut avoir lieu, qui des deux commencera à en donner la preuve? Ce sera évidemment le plus sage, le plus humain, le plus chrétien, le mieux inspiré de Dieu. Je n'oserais pas parier que ce sera le monde ; dans le doute, moi qui suis du monde, je m'adresse à l'Église pour lui donner personnellement ce témoignage d'espoir en elle.

Rémarquez bien qu'il y a quelques motifs de compter, pour édifier la société future, l'humanité, sur une institution :

Qui est fondée sur la prétention à l'universalité, et par un charpentier ;

Qui ne pratique pas la conscription ;

Qui ne reconnaît pas de castes, ni même de races parmi ses membres ;

Qui n'admet ni l'hérédité de fonctions, ni l'hérédité de fortune, ni même la propriété privée ;

Qui peut se marier, comme jadis, quand elle le voudra ;

Qui a réalisé l'association de travaux et de vie, imparfaitement, sans doute, mais sur une échelle immense ;

Qui croit et enseigne que l'homme ne peut point se passer de religion, de morale, de culte, de dogme, de Dieu, d'immortalité ; toutes choses qu'une grande partie de ce monde croit bonnes à être jetées, avec le froc, aux orties ;

Qui n'admet pas la peine de mort ;

Qui s'est montrée, jusqu'à présent même, incomparablement plus habile que tous à élever les marmots, à consoler les affligés, à panser et soigner les malades, à donner une espérance au mourant.

Avant que le monde se soit approprié tous ces mérites que possède l'Église, il me semble qu'il faudra bien du temps, surtout si l'on faisait disparaître l'institution qui les renferme et qui les cultive depuis dix-huit siècles ; car, il n'y a pas à dire, c'est cette institution qui nous a donné le goût de toutes ces excellentes choses.

Non, ne croyez pas qu'il soit si facile de communiquer au monde, qui critique avec tant d'ardeur l'Église, les bonnes habitudes et les principes éminemment sociaux, pacifiques, humains, qu'elle contient dans son sein, et qu'elle pratique, en face du monde, depuis tant de siècles, sans que le monde, aveugle et sourd, ait eu la sagesse de se les appliquer à lui-même.

Je sais bien qu'il faut, en même temps, que l'Église se dépouille de fort mauvaises habitudes ; mais, hélas ! ce sont, pour la plupart, celles qu'elle a empruntées à César et au monde, celles qui ne viennent pas d'elle, qui sont même contraires à ses principes et à ses fins, à son origine et à son but, et qui sont, d'ailleurs, encore très-vivaces dans le royaume de César.

Aussi, de combien de mauvaises habitudes la société civile ne doit-elle pas se dépouiller, ne fût-ce que pour faire honte à l'Église de les lui avoir en partie empruntées ! Et comme ces vices sont inhérents au monde, comme ils sont l'héritage de tout son passé, comme ils sont des conséquences essentielles des principes sur lesquels toutes les sociétés politiques ont été constituées, avant et depuis le christianisme, c'est-à-dire : la force, l'épée, la guerre, la conquête, le sang; comme ils sont, en un mot, le *vieil homme*, nous aurons bien de la peine à nous en débarrasser, si l'Église ne nous y aide pas un peu.

Or, je le répète, j'espère qu'elle nous aidera. Sera-ce d'abord par le Pape, par le Sacré-Collége, par les archevêques, évêques et chanoines, ou bien par les curés, diacres et desservants? A cette question indiscrète, j'aurais peut-être peine à répondre, si j'étais somnambule et faisais tourner les tables et les chapeaux, mais je suis simple Gaulois et je dis : Ventre-saint-gris! mon curé en serait bien capable!

Un de mes amis remarquait, d'après un journal, que, cette année, au jour de l'an, contre l'usage, plus de trois cents prêtres de Paris avaient porté leurs hommages et leurs vœux aux Tuileries, tandis que, à l'ordinaire, le clergé de Paris était représenté dans cette cérémonie seulement par une trentaine de curés. Mon ami voyait en cela un bon signe, et il ajoutait :

« L'Empereur nomme les évêques ; eh bien! qu'arriverait-il, s'il déclarait qu'à l'avenir il ne nommera évêque que le prêtre qui sera élu par le *suffrage universel* des prêtres du diocèse dont le siége serait vacant? » L'idée est assez originale, et je la recommande à vos méditations, quand vous examinerez si l'Église n'est plus bonne à rien, ou si elle peut encore être bonne à quelque chose.

Certainement Rome commencerait par résister de toutes ses forces à cette résurrection de sa primitive discipline, comme elle résiste aujourd'hui à la perte de son pouvoir temporel, c'est-à dire au retour à la forme apostolique, qui fut le secret de son merveilleux développement et de ses plus glorieuses conquêtes. Mais enfin, l'Église ne pourrait pas dire qu'on lui impose là des nouveautés étrangères, incompatibles avec sa foi, avec son dogme, puisque c'est elle-même qui a inventé, qui a pratiqué, qui nous a enseigné l'*élection* du prêtre et la *division des pouvoirs* temporel et spirituel.

Eh bien! je vous demande si cette énorme modification s'opérait dans l'Église, qui donc oserait affirmer qu'elle ne donnerait pas au sacerdoce catholique une nouvelle vie, et qu'il ne puiserait pas en elle l'inspiration des œuvres que Dieu ordonne à l'humanité de réaliser de nos jours? L'évêque *élu* par le suffrage des prêtres, *nommé* par le souverain temporel des fidèles, et *consacré* définitivement par le premier de tous les évêques, le Pape, ce serait pour l'Église reprendre sa mission démocratique, se retremper dans son origine à la fois populaire et soumise ; ce serait renoncer à ses prétentions despotiques et factieuses, doublement contraires à l'Évangile.

L'Église ne consentira pas à cela, dites-vous ; c'est possible ; mais je vous avoue que ce n'est pas son acquiescement qui m'inquiète, et que ce n'est pas précisément pour l'y préparer que j'ai écrit ma lettre à M. le grand vicaire de Mgr l'évêque d'Orléans.

Ce qui m'inquiète, ce qui me fait peur, c'est ce monde laïque que vous croyez si supérieur à l'Église, en politique, en morale, et même en religion ; j'ai peur qu'il ne sache pas un mot de ce qu'il doit demander à l'Église de faire, pour qu'elle puisse s'associer à sa propre mission ; j'ai peur que, ne la rencontrant sur son chemin que comme un obstacle, il essaye seulement de la briser, comme les peuples firent si souvent de la royauté, pour retomber aussitôt sous son poids; j'ai peur que la grande majorité des laïques les plus vigoureux ne soient comme vous, et que, n'ayant aucun espoir dans la puissance de transformation de cette admirable institution, ils n'aspirent qu'après sa mort et ne s'inquiètent point des moyens de la guérir, afin qu'elle aide encore une fois l'humanité à accomplir sa destinée.

C'est pour ces hommes vigoureux, impatients, mais un peu injustes et imprudents, que j'ai écrit ma lettre à Orléans, et que j'y ajoute celle-ci.

Bien certainement, si l'Église doit se transformer, comme je l'espère, ce ne sera jamais devant ceux qui n'ont aucune foi dans sa puissance virtuelle, ni surtout devant ceux qui la menacent de mort. Elle est brave, soyez-en sûr, et ne craint pas le martyre ; d'ailleurs, on ne tue pas les idées, et, par conséquent, pas l'Évangile.

Tant que notre vieux monde ne lui montrera pas qu'il a été transformé lui-même par elle en un monde nouveau, aimant la paix, le travail, l'amélioration du sort du peuple, l'élévation constante de tous, en commençant par les moins élevés, elle n'écoutera pas nos remontrances et aura droit de mépriser nos leçons; mais si nous nous mettons nous-mêmes vigoureusement à l'œuvre sainte, croyez-moi, elle ne restera pas en arrière, parce qu'elle sentira alors qu'elle a une place, non plus hors de nous, mais au milieu de nous.

Et maintenant, en supposant, comme vous, que le catholicisme n'accomplisse pas ce progrès, qu'il lui soit impossible d'opérer cette transformation; en supposant qu'il perde simplement ses fidèles de France, comme il a perdu jadis ceux d'Angleterre, d'Allemagne, de Suisse et de tant d'autres lieux, vous n'admettez sans doute pas qu'une telle révolution puisse se faire sans qu'une notable partie du clergé français participe au schisme et aide à la formation d'un gallicanisme positif. Eh bien! il est important de prévoir et de dire ce que devrait faire ce gallicanisme, car il pourrait se borner à recopier celui de Bossuet, et ce serait déplorable au dix-neuvième siècle, qui n'a pas besoin de *révocation,* de *dragonnades* ni de *Cévennes,* ni même de canonner et démolir des manoirs féodaux. Nous avons mieux que cela à faire aujourd'hui, et le clergé peut nous y aider, au moins autant qu'il a aidé Louis XIV.

Il bénit déjà nos locomotives, je ne désespère pas de le voir bénir nos imprimeries; ce sera un peu fort, mais vous verrez que cela sera. A la vérité, j'espère aussi qu'il chantera un magnifique *De profundis* sur la tombe du dieu des armées, quand nous autres laïques serons assez sages pour enterrer ce vilain dieu païen.

Voulez-vous aller plus loin dans vos hypothèses, et supposer qu'on rasera complétement l'Église et son culte? Je le veux bien; mais alors gare à la déesse Raison, qui voudra prendre la place vide! Nous la connaissons, celle-là; elle n'a rien appris et rien oublié, c'est pis que les Bourbons. Dans tous les cas, il ne peut être qu'utile de dire à la *Raison* ce qu'elle aurait *raison* de faire si elle *passait* Dieu et lui succédait.

Est-il besoin, d'ailleurs, de prolonger davantage la comparaison des mérites *actuels* de l'Église et du monde? C'est en vue de l'*avenir* que nous faisons cet examen. Or, l'avenir est en germe dans ce qui est, et notre rôle est de développer ces germes partout où Dieu les a semés; à d'autres le soin de détruire les mauvaises herbes, à nous de labourer et d'arroser; à d'autres la mission de mort, à nous le travail de vie.

Oui, l'Église catholique doit mourir; mais qu'est-ce à dire : *mourir ?* n'avons-nous pas tous la vie éternelle? nous ne condamnons rien au *néant*. Le catholicisme se transformera, lui qui s'est déjà si souvent transformé, lui qui est, en réalité, la sublime transfiguration du judaïsme envahi par la philosophie grecque et les croyances orientales, lui qui s'est encore transfiguré en enveloppant l'Occident et le Nord dans les filets de saint Pierre.

Eh bien, *donnons-lui* donc quelque arme, quelque épée!

C'est le plus grand serviteur de Dieu; et si vous dites qu'il est tombé en enfance, tant mieux, car cela signifie qu'il porte des saint Paul dans son sein. Visitez-le donc sur la route de Damas; foudroyez-le, éclairez-le! et qu'on ne demande pas qui est saint Paul? où est saint Paul? Je ne le sais. Vous le savez, ô mon Dieu! Tonnez, il entendra.

N'est-ce pas du milieu des *sépulcres blanchis* et parmi les ombres du passé que se sont levés les anges de l'avenir, les nouveau-nés de la vie? C'est de la Bible qu'est sorti l'Évangile, et de la race de David qu'est né Jésus-

Christ. Et, à notre tour, où avons-nous puisé nos espérances, si ce n'est pas dans l'Évangile? Et notre race de David, notre race sacrée, qu'est-elle, si ce n'est l'Église ? Croyez-vous donc que l'islamisme, pour s'unir à nous, brûlera son Coran et n'aura pas à sa tête ses chérifs tels qu'Abd-el-Kader? Que dis-je? Qui était au lit de mort de Saint-Simon, ce novateur descendant lui-même de race royale? Qui était son disciple fidèle? Un juif! notre cher Olinde Rodrigues.

Et lorsque nous avons commencé à enseigner la doctrine que notre maître nous avait léguée, sous ce nom significatif de *nouveau christianisme*, Rodrigues amenait dans nos rangs une troupe d'enfants d'Israël : son frère Eugène, ses beaux-frères les Pereire et Sarchi, Léon Halévy, Gustave d'Eichthal.

Et nous oserions croire que l'Église restera sourde à la bonne nouvelle, qu'elle y sera plus réfractaire que les juifs, qu'elle mourra tout entière dans le passé, sans ressuciter pour l'avenir ! Impossible ! Le catholicisme ne vit pas seulement dans le clergé, ni même dans les fidèles; il est en tout et partout; son sang et sa chair ont pénétré l'humanité tout entière et fécondent la terre; il vit, comme nous tous, *en lui*, mais aussi *hors de lui*, et, s'il mourait tout à fait, nous sentirions mourir en nous la meilleure partie de nous-même, c'est-à-dire tout ce qu'il nous a donné d'humain et de divin à la fois.

Non, ne me dites pas qu'il ne s'agit que de lui faire d'illustres funérailles, en rendant justice à sa grandeur passée, et en fermant les yeux pieusement, filialement sur les faiblesses de sa caducité. Ce sentiment n'est pas digne de la croyance au progrès ; il sent le cimetière, le cadavre ; c'est une pelletée de terre jetée sur une poussière d'être; c'est moins que l'embaumement égyptien, moins que l'incinération païenne, moins surtout que l'apothéose et la métempsycose. Hélas ! c'est plus triste, plus sombre, plus anéantissant que les funérailles catholiques elles-mêmes ; car au moins le prêtre, en livrant le corps aux vers de la terre, s'adresse à l'âme et lui dit de *monter au ciel*.

Eh bien ! traduisons cette sublime, mais mystique espérance, selon la langue réelle et vivante de la perfectibilité humaine, selon la foi dans le développement progressif de la vie, pour l'homme, mais aussi pour les institutions humaines. Contemplons l'Église, ainsi que nous-mêmes, avec le sentiment de l'immortalité promise par Dieu à toute créature; élevons son âme *vers le ciel*, c'est-à-dire aidons-la à remplir la mission que Dieu donne, en ce siècle et dans tous les siècles, à ses meilleurs serviteurs; aidons-la à employer la puissance qu'elle a conquise par dix-huit siècles de travaux, non plus à défendre son passé et à combattre l'avenir du monde, mais à fonder cet avenir de paix, auquel elle nous a donné foi, en nous l'annonçant par l'enseignement de l'Évangile.

Vous êtes encore son fils, ou plutôt son enfant, balbutiant et répétant ses dernières leçons, lorsque vous chantez sur la tombe où vous supposez qu'elle descend : *Requiescat in pace !* Nul de nous aujourd'hui ne voudrait être enseveli dans le *repos éternel :* c'est la vie éternelle qu'il nous faut; c'est une marche continue vers Dieu que nous voulons; c'est le saint travail de perfectionnement de notre prochain et de nous-même, qui est notre droit aussi bien que notre devoir, *per omnia sæcula*.

Assez, assez de condamnations à mort, de sacrifices au néant, assez de ces ruines que faisait la barbarie et où ne végète plus que la ronce; laissons au passé ces héritiers avides qui aspirent à la mort de leur père, ces politiques duellistes qui s'escriment à tuer leur adversaire, et ces aveugles amants de l'avenir, qui, traitant le passé comme un rival, veulent en détruire jusqu'au souvenir.

Ce n'est plus ainsi que l'humanité doit procéder dans sa marche vers la charité suprême que Dieu lui a révélée par Jésus-Christ, et que le monde commence à comprendre et veut progressivement pratiquer.

Qui est notre prochain, si ce n'est l'Église, dont nous sommes nés? Elle meurt, dites-vous? Portons-lui le secours des lumières et de la vie qu'elle nous a données. Elle est morte? Ressuscitons-la, afin que l'avenir ne dise pas de notre siècle : Il a tué sa mère!

Rappelez-vous ces Français tombés assez bas, dans les malheurs de l'émigration, pour s'unir à l'étranger contre leur patrie, pour oser lever la main sur leur mère, pour rêver qu'ils écraseraient la France; comment les avez-vous nommés? Des traitres; et, prisonniers, vous les avez vu fusiller sans pitié. Et pourtant ceux-ci n'étaient pas exilés volontaires; ils étaient excommuniés par la politique du temps. Or, nous tous, qui nous sommes librement éloignés de l'Église, qui n'avons pas été dépouillés par elle de nos dignités, de nos titres, de nos biens, que serions-nous dans une armée de Condé, dans une chouannerie? Que serions-nous à la suite d'un Pichegru ou d'un Moreau, quand bien même ils s'appelleraient Luther ou Calvin? Nous serions des protestants.

Une secte protestante de plus, la belle affaire! il y en a déjà plus de mille. Il est temps, au contraire, de commencer à mettre un terme à cet éparpillement de l'humanité, à cet émiettement du pain de vie, à ce monstrueux déchiquetage du corps du Christ.

Or, c'est là notre mission. L'instrument le plus puissant pour en opérer l'accomplissement, c'est l'institution catholique, et j'affirme qu'elle se mettra à cette œuvre dès qu'elle se sera dépouillée de sa couronne païenne, c'est-à-dire de son pouvoir temporel.

J'entends assez souvent plusieurs d'entre nous s'étonner des ménagements, tempéraments et atermoiements que le gouvernement français apporte depuis dix ou douze ans dans ses relations avec la papauté. Pour moi, je n'en suis pas surpris, et il me semble que les profonds politiques qui blâment sur ce point la politique de l'empereur, ne sont pas tout à fait aussi bien placés que lui pour apprécier les difficultés de la situation et les dangers de solutions improvisées sur une aussi délicate matière.

Ce qui ressort évidemment pour moi de notre conduite à Rome, c'est précisément que nous ne voulons pas détruire de fond en comble le catholicisme, mais que nous désirons qu'il se transforme, c'est-à-dire que nous nous appelons Napoléon III et non pas Mazzini.

Se transformer, c'est se réformer par soi-même, tandis que lorsqu'on est réformé par autrui on est tout simplement déformé, et le réformateur risque souvent d'être difforme, comme Henri VIII ou même comme Calvin.

Se transformer, en religion comme en politique, c'est tout bonnement entendre et comprendre cette simple parole : *Vox populi, vox Dei*. Certainement jusqu'à nos jours les sociétés n'ont pas été constituées de façon que la voix du peuple se fît entendre, et voilà pourquoi nous avons eu tant de révolutions. Quant à l'Église catholique, elle jouissait jadis de cet avantage ; elle s'en est privée volontairement, de sorte qu'elle n'a plus entendu ni la voix du peuple ni la voix de Dieu, et qu'elle a été, depuis lors, réformée, c'est-à-dire déformée par le schisme, par l'hérésie, par la philosophie, par la politique, au point de ne plus savoir elle-même ce qu'elle est, et de se sentir menacée d'une prochaine et complète dissolution.

Est-ce à dire que cette dissolution soit inévitable et désirable? autant vaudrait prétendre qu'il est regrettable d'avoir vu naître, dans notre siècle, un organe puissant, capable de faire entendre si haut la voix du peuple et la voix de Dieu qu'il triomphe irrésistiblement de la surdité la plus invétérée. Cet organe est l'*opinion publique*, qui remporte toujours, comme l'a dit l'empereur, la dernière victoire.

L'empereur a foi dans cet instrument vainqueur, et il a ses raisons personnelles pour y croire : il doit donc espérer que l'Église retentira un jour de cette acclamation populaire et divine à la fois ; il doit compter sur cette éclatante voix plus que sur celle du canon, pour réveiller le catholicisme endormi au bruit monotone de son orgue; mais il ne veut pas, parce que la papauté a l'oreille dure, qu'on l'achève.

Et d'ailleurs cette surdité actuelle est-elle momentanée ou constitutionnelle? Depuis quand existe-t-elle et d'où vient-elle ? Encore une fois c'est cette couronne impie de *César* qui bouche les oreilles papales; qu'elle tombe, et le vicaire du Christ entendra la voix du Christ, parlant par la bouche du peuple, et priant le pasteur de revenir à son troupeau, de ramener les brebis égarées et de les défendre des loups dévorants.

Ramener à une même communion toutes les sectes chrétiennes, et l'islamisme, et le bouddhisme, et tous les idolâtres qui vivent encore sur la terre; défendre tous les peuples contre l'exploitation du fort; convertir, au contraire, la force, la richesse, l'instruction, au profit de la faiblesse, de la misère et de l'ignorance, n'est-ce pas la mission donnée par le Christ aux apôtres et transmise par eux à l'Église? Que peut-elle rêver de plus grand, de plus saint, de plus glorieux? N'est-ce pas sa véritable couronne?

Comment! c'est un souverain temporel, un prince du monde, qui intitule la plus chère de ses œuvres : *Extinction du paupérisme*, et l'Église continuerait à prêcher son aumône dégradante, sa charité d'hospices, ses emplâtres émollients et soporifiques faisant patienter, sur sa croix, le *Christ-humain* qui n'est abreuvé et nourri que de vinaigre et de fiel! C'est à lui, c'est à César, que vous laisseriez l'honneur et la tâche de comprendre et de réaliser la volonté de Dieu, d'incarner dans la société l'esprit de l'Évangile, d'étendre parmi les frères ce brûlant levain de servitude, de haine, de révolte, LA MISÈRE !

Non, Saint Père, vous vous rendrez; vous vous rappellerez que vous avez poussé vous-même, *urbi et orbi*, le cri sacré : LIBERTÉ ! Le monde vous a entendu; vous ne pouvez plus rester avec le despotisme, avec l'autorité rétrograde du passé, avec celle de l'immuable *statu quo ;* avec les sociétés fondées sur des castes, sur des priviléges, sur des inégalités héréditaires, factices, indépendantes du mérite personnel et des œuvres. Vous craignez le mauvais socialisme, hâtez-vous de nous donner le bon, celui du Christ.

P. E.

NOTE D'ENFANTIN

A PROPOS DE

LA PHILOSOPHIE DU CREDO

Du R. P. Gratry

Le R. P. Gratry vient de publier un très-remarquable ouvrage intitulé : *Philosophie du Credo*. Naturellement la *Création* y occupe la première et la plus grande place. Il importait de voir réunies, par un savant théologien, les plus puissantes armes forgées par le christianisme pour installer cette croyance dans le monde, et surtout pour la défendre contre des théologies ou des philosophies différentes des siennes, particulièrement contre l'athéisme et contre le panthéisme.

L'érudition que le R. P. Gratry emploie pour cette exposition et pour ce combat, est aussi profonde qu'elle est habile ; mais elle a le malheur attaché nécessairement à l'érudition : elle reproduit des arguments qui ont été parfaitement connus, appréciés, pesés par les principaux et les plus vigoureux adversaires que la doctrine a rencontrés, non-seulement à son origine, mais surtout pendant et après l'apogée de sa puissance.

Ainsi que l'auteur de la *Philosophie du Credo*, je combats l'athéisme qui prétend que Dieu n'est pas, mais qui n'affirme ce non-sens que parce qu'on a voulu lui faire croire et dire cet autre non-sens doublement contradictoire, à savoir : que Dieu *éternel* avait créé, *un jour*, TOUT DE RIEN. Je combats également le panthéisme, qui, après avoir posé que Dieu est *tout* ce qui est, en tirerait cette conséquence absurde, illogique, vrai contre-sens, à savoir : que *chaque chose, chaque être* est Dieu; mais je suis convaincu que l'athée nie seulement le Dieu *créateur* qu'on veut lui faire affirmer, comme je suis convaincu qu'il n'y a pas de panthéiste qui ait tiré de sa foi les conséquences impossibles et contradictoires avec cette foi même, que prétend en tirer légitimement le R. P. Gratry.

Ainsi, il s'écrie : « Quoi! *je suis* Dieu moi-même! *tout être* est Dieu, tout acte de la vie de *chaque* être, inerte ou libre, est un acte de la vie de Dieu! » Je ne crois pas, dis-je, que jamais panthéiste, quelque exalté qu'il fût, ait parodié ainsi sa propre croyance.

Je confesse ma surprise de voir un homme aussi grave, aussi vénérable que l'auteur de la *Philosophie du Credo,* employer de pareilles armes pour combattre même les erreurs d'hommes aussi considérables que Spinoza, Hégel, Lamennais.

Autant vaudrait accuser tout homme qui croit à l'infini, en mathématiques, d'en conclure que *chaque* nombre est l'infini.

A ce propos, puisque le R. P. Gratry est aussi un de nos camarades de l'École polytechnique, il me permettra de dire qu'il a abusé de la science et du langage que nous a enseignés notre illustre mère, dans la circonstance suivante. Jugez-en vous-même. « Comment, dit notre camarade d'école, comment les panthéistes, ceux du moins qui nous font, comme Lamennais, les objections d'algèbre que je viens de citer, comment ne prennent-ils pas la peine d'apprendre que les mathématiques, sans doute, affirment à leur manière que rien ne vient de rien, et que, par exemple, *zéro* multiplié par une quantité, si énorme qu'elle soit, ne donne jamais pour produit autre chose que *zéro?* Donc, au point de vue mathématique, *comme sous tous les points de vue,* rien ne vient de rien.

« Mais il y a une exception nécessaire à cette règle : C'est le cas unique ou *zéro* se trouve multiplié *par l'infini.* Alors le produit, au lieu d'être *zéro*, est une *quantité finie,* aussi petite ou aussi grande que l'on voudra. Le produit de *zéro* par l'*infini* représente toutes les grandeurs possibles, ou l'échelle indéfinie des grandeurs. »

Si Lamennais était allé à l'école, où on le renvoie si rudement, il y aurait appris cela, comme nous, en supposant qu'il l'ignorât, ce dont je doute; mais il y aurait appris aussi qu'il y avait dans cet argument mathématico-théologique un petit artifice de calcul et de langage qui le vicie et le détruit absolument.

En effet, ce n'est pas le produit de *zéro* par l'*infini* qui représente l'échelle indéfinie des grandeurs ; c'est le produit de *zéro* par une *formule indéfinie de l'infini,* laquelle formule *implique déjà en elle l'idée de grandeur finie,* c'est-à-dire la formule $\frac{a}{0}$; de sorte que, dans cette opération, les deux *zéros* s'annulent, par multiplication et division simultanées, et qu'il reste naturellement pour produit la quantité indéterminée. Ainsi : $0 \times \frac{a}{0} = a$.

Notre camarade d'école aurait donc dû s'arrêter à sa première phrase : « Au point de vue mathématique, *comme à tous les points de vue*, rien ne vient de rien. »

Il y a déjà plus de trente ans que nous avons publié de toutes manières une formule sur Dieu, sur la nature et sur l'homme, à la rédaction de laquelle avaient concouru plusieurs élèves distingués de cette école où Lamennais est invité à aller étudier ; cette formule la voici :

Dieu est tout ce qui est,
Tout est en Lui, tout est par Lui.

Nul de nous n'est hors de Lui,
Mais aucun de nous n'est Lui.

Chacun de nous vit de Sa vie,
Et tous nous communions en Lui ;
Car Il est tout ce qui est.

Le R. P. Gratry connaît, sans doute, cette formule dogmatique, mais je suis convaincu qu'il la considère comme une absurdité panthéiste ; au moins lui serait-il impossible de prétendre que, d'après ce dogme, lui, moi, ou tout autre, est Dieu, puisque la formule affirme, au contraire, que NUL DE NOUS n'est Dieu.

Cette confusion, cette identification de *tout* avec *chaque* ne peut s'expliquer, chez un homme qui sait parfaitement le français et bien d'autres choses, que par l'aveuglement résultant de l'ardeur du combat, ou par l'influence des préventions irréfléchies, traditionnelles, acceptées les yeux fermés. Si cette falsification d'une doctrine adverse était intentionnelle, ce serait pis que de l'iniquité, et Dieu me garde d'en soupçonner le prêtre sincère, loyal, qui, certainement, ne dit que ce qu'il croit vrai. Il croit fermement qu'on ne peut pas affirmer que Dieu est *tout* ce qui est, sans affirmer en même temps que *chaque* être est Dieu. Il est *incroyable* que cet homme éclairé *croie* cela, mais enfin, il le croit; il est convaincu que la première idée n'a pu aller et n'ira jamais sans l'autre, quoiqu'elles soient absolument contradictoires, comme le *fini* qu'on prétendait être l'*infini*.

Il est certain que l'homme croit à l'*infini* et qu'il croit aussi au *fini;* l'existence simultanée de ces croyances, aussi indispensables l'une que l'autre à l'homme, soulève bien quelques très-grosses et mystérieuses difficultés pour l'esprit, pour le raisonnement; mais le cœur les résout en disant : Je crois en Dieu, et je crois en moi.

Il ajoute même : Je crois à ce qui n'est pas moi, à ce qui est hors de moi, à ce qui me limite et me définit, à cet *indéfini* qui n'a de limite que moi, qui remplit tout le reste de l'espace, et qui pourtant n'est pas plus Dieu que je ne le suis moi-même, puisqu'il n'est pas l'infini, puisque je suis moi-même hors de lui.

Cette triple croyance à Dieu INFINI, à l'homme FINI et à son non-moi ou prochain INDÉFINI, permet bien d'affirmer que le fini et l'indéfini ont des tendances, des aspirations vers l'infini, qu'ils en sont même des manifestations, des expressions déterminées ou même indéterminées; mais elle défend évidemment et absolument d'assimiler le fini ou l'indéfini avec l'infini, un être quelconque avec Dieu.

L'ouvrage du R. P. Gratry nous paraît, néanmoins, d'une utilité capitale en ce moment. Nous ne connaissons pas d'œuvre de théologie chrétienne qui fasse ressortir aussi clairement et aussi naïvement les dangers de la croyance à Dieu créant ce qui est de ce qui n'était pas.

Toute son estime, et j'ose dire tout son amour

de l'homme et du monde reposent sur cette idée : que l'homme et le monde sont sortis du néant et en ont été tirés par Dieu; d'où résulte logiquement mépris pour l'homme, mépris pour le monde, amour pour Dieu seul.

Il est impossible de croire, en lisant cet ouvrage, que l'homme soit destiné à aimer son prochain et lui-même, dans cette vie et dans l'autre; il faut qu'il aime Dieu, Jésus-Christ, le Saint-Esprit, la Vierge, et qu'il désire au plus tôt s'unir à eux, en laissant là la terre, le monde, ses frères, toutes ses affections, que l'auteur nommerait volontiers son *égoïsme.*

Ainsi encore, pour lui, l'égoïsme c'est le mal, quoique Dieu ait dit à l'homme : « Aime ton prochain *comme toi-même*, » et comme si le mal n'était pas également dans la servilité, dans l'oubli de la personnalité, de la dignité du moi, devant l'égoïsme, la brutalité, le despotisme, l'iniquité du prochain. Comment fonder sur une pareille croyance la politique et la morale des sociétés humaines?

Si l'égoïsme ou l'amour de soi est le mal, que sera le bien? L'amour, sans doute; mais l'amour de qui? de Dieu. Quant à l'amour du prochain, de sa femme, de ses enfants, de ses amis, de son pays, du monde entier, de la science, des arts, pas un mot; il semble que tout cela encore c'est l'égoïsme; il semble que l'auteur ignore que ce sont là les vrais, les seuls moyens de s'élever vers Dieu et de mériter devant sa justice.

Aussi rentre-t-il et reste-t-il dans l'ornière du *sacrifice*, ne connaissant pas d'autre moyen de gagner le ciel.

Vous croyez, peut-être, que le sacrifice a pour but de prouver son amour pour le prochain, et d'en améliorer le sort? Eh bien! ce but n'est pas nécessaire, indispensable. Serait-ce donc le le sacrifice pour l'amour du sacrifice, comme on disait l'art pour l'art? C'est mieux encore : c'est pour faire *son propre* salut ; c'est pour sauver *son* âme, *son* moi, *son* ÉGOÏSME.

De là découlent encore le jeûne et toutes les abstinences et continences, macérations, mortifications et humiliations possibles ; et tout cela est parfaitement logique ; tout cela dérive naturellement du point de départ, qui prive l'homme et le monde de la présence réelle de Dieu *en eux*, et qui ne leur permet et promet que de communier avec leur créateur, mais non pas entre eux, comme manifestations vivantes de Dieu lui-même.

Et cependant, fidèle écho des Pères de l'Église, le philosophe du *Credo* confesse à chaque page de son livre : que Dieu est *partout;* que Jésus-Christ, que l'Esprit-Saint, que la Vierge sont *en nous;* que Dieu est *dans les créatures ;* qu'on voit Dieu *dans* les choses visibles; qu'il opère *en nous* le vouloir et le faire ; qu'il est *dans* toutes nos pensées ; nos sentiments et mouvements, *dans* la lumière physique et intellectuelle qui nous éclaire, *dans* le soleil, *dans* l'air que l'on respire, *dans* les saveurs et les substances qui nous nourrissent; que le Verbe conçu du Saint-Esprit, *en nous*, nous rend enfants de Dieu; que le Christ est *au milieu de nous;* que l'homme se transforme en Jésus-Christ, *qui vit en lui,* etc., etc.

Malheureusement, toutes ces phrases signifient que Dieu est partout, mais dans une enveloppe méprisable tirée du néant, dans une écorce diabolique créée par lui, mais en dehors de lui, n'ayant comme origine et comme fin qu'une destinée de néant, indigne d'intérêt, d'amour, de culte, prison de l'âme et litière de Dieu.

Avec cette foi, comment l'homme pourrait-il cultiver, embellir, féconder la terre et lui-même? Que lui ferait dans ses œuvres, l'amour de la beauté, de la grandeur, de la magnificence, de l'harmonie? Pourquoi même chercherait-il à connaître les lois qui régissent le sort de toutes ces misérables enveloppes de Dieu, où le Créateur est caché, emprisonné comme l'âme elle-même? Pourquoi tenterait-il de prolonger cette servitude et ne tâcherait-il pas de briser sa chaîne par une mort volontaire, afin de s'unri à Dieu, en dehors et loin de toute cette pourriture destinée au néant?

Et l'Église s'étonne de voir les arts, les sciences, l'industrie se retirer d'elle! Elle-même reste inféconde dans cette triple forme de la vie humaine; elle ne produit rien par elle-même, et n'inspire même plus les artistes, les savants, les industriels, comme elle le fit jadis, dans une sorte de retour vers les grandeurs de l'antiquité païenne. Et elle gémit de ce que l'humanité ne lui reconnaît pas le droit de gouverner ce monde qu'elle méprise; ce temporel qu'elle ignore; cette écorce de l'âme qu'elle foule aux pieds; cette création de Dieu qu'elle repousse comme un obstacle au salut, et qui est cependant l'échelle divine au moyen de laquelle les êtres finis s'élèvent vers l'infini!

Oui, les arts, les sciences, l'industrie protestent contre cet anathème qui frappe la chair, le corps, le monde, la nature ; ils ne veulent pas admettre cette exclusion de Dieu de tout ce qu'ils admirent et de tout ce qu'ils créent ; ils veulent sentir qu'ils montent vers Dieu, par l'harmonie des sons qu'ils entendent, des couleurs qu'ils voient, des formes qu'ils touchent ou qu'ils rêvent ; ils veulent croire qu'ils participent eux-mêmes, comme manifestations vivantes de Dieu, à la création, à la génération perpétuelle et universelle des êtres, des idées et des choses, c'est-à-dire à la vie divine.

Le grand point, dites-vous, est d'apprendre à mourir ; non ! car on meurt *seul*. Le grand point est d'apprendre à vivre *avec ses frères, avec le monde,* et non pas seulement en face de Dieu, mais à une bien meilleure place : EN DIEU.

RÉPONSE
A M. DUPANLOUP

Membre de l'Institut, Évêque d'Orléans,

SUR SA *LETTRE A UN CARDINAL*

Dénonçant

LES ÉCOLES PROFESSIONNELLES DE FILLES, LA LIGUE DE L'ENSEIGNEMENT,
LES COURS PUBLICS AUTORISÉS,
LE MATÉRIALISME ET L'ÉCOLE DE MÉDECINE DE PARIS,
LES FRANCS-MAÇONS, LES POSITIVISTES, LES SAINT-SIMONIENS, ETC., ETC.

par

LES MEMBRES DU COMITÉ INSTITUÉ PAR **Prosper-Barthélemy ENFANTIN**
Pour l'exécution de ses dernières volontés.

Monsieur l'évêque, un de vos plus illustres confrères de l'Académie, prodigue comme vous des richesses d'un admirable talent pour couvrir les infirmités d'une orthodoxie sénile, et condamné comme vous à épuiser les dernières forces d'un esprit superbe et passionné à retenir *les dieux qui s'en vont*, M. Guizot, premier ministre d'un roi *qu'on ne confessait pas*, selon le mot d'un autre académicien, M. Dupin, *aîné*, mort jeune d'esprit à plus de quatre-vingts ans; M. Guizot jeta un jour (le 21 mai 1844), du haut de la tribune de la chambre des pairs, à la face du plus éloquent interprète des *alarmes de l'épiscopat* de ce temps, M. de Montalembert, ces paroles amères dans lesquelles, malgré tout le vernis parlementaire dont l'orateur savait si bien orner sa phrase, le nouveau clergé catholique de France pouvait apercevoir, sans trop d'efforts, une intention de dénigrement bien transparente :

« Comment se recrutait, s'écria M. Guizot, » comment s'élevait autrefois le clergé?

» Il se recrutait dans toutes les classes de la » société, dans les plus élevées comme dans les » plus humbles. Il s'élevait au milieu de toutes » les classes de la société, en commun avec » elles, sous le même toit, respirant le même » air, nourri du même lait. Il recevait une édu- » cation aussi forte, plus forte que celle des » classes laïques.

» Voilà comment se recrutait et s'élevait au- » trefois le clergé! Comment se recrute-t-il au- » jourd'hui?

» Il se recrute, à peu près exclusivement, » *dans les classes les plus obscures de la*

» *société;* il s'élève, depuis le début jusqu'au » terme de la carrière, séparément, isolément, » loin de tout contact avec le reste du pays. Il » n'ose pas, il ne croit pas pouvoir accepter, » pour sa propre éducation, les garanties, les » conditions, les épreuves de capacité exigées » pour l'éducation commune des classes laïques.

» QUEL CHANGEMENT! QUEL DÉCLIN! »

M. Guizot était à coup sûr dans le vrai, monsieur l'évêque, quand il constatait ce déclin; mais il se trompait grandement lorsqu'il en signalait les causes. Stylite héroïque sur les ruines de la science antique, bornant sa vue philosophique et religieuse aux horizons de la Bible, persistant à incliner son grand esprit, en matière de foi, devant la théologie de Luther ou de Calvin, acceptant la cosmogonie hébraïque comme si Galilée, Descartes, Newton et Laplace n'avaient rien changé pour lui à la notion primitive de la formation de l'univers, admettant sur ce point fondamental la croyance de ce clergé dont il proclamait la décadence, il n'osa pas élever sa pensée assez haut pour découvrir que la source du mal qui rongeait le monde catholique n'était pas dans l'affaiblissement du corps doctoral, mais dans l'insuffisance même de la doctrine.

I. — LE CATHOLICISME, L'ATHÉISME ET LE SAINT-SIMONISME.

Non, monsieur l'évêque, le clergé n'avait pas décliné en se recrutant dans les classes les plus obscures de la société, en se retrempant dans la démocratie; il s'était plutôt fortifié. Ce n'est ni la puissance du talent, ni l'énergie du caractère, ni le secours des études, ni l'étendue des connaissances qui lui ont manqué. Nul ne le sait mieux que vous, monsieur l'évêque. Mais si, avec tous ces éléments de succès, il n'avait pu manifestement relever la foi, c'est que l'abaissement de la foi tenait moins à la décadence de ses gardiens privilégiés qu'à l'imperfection de ses dogmes immuables et à leur incompatibilité croissante avec les progrès de la science moderne, avec le développement manifeste et irrésistible des principes et des intérêts nouveaux, qui font et feront de plus en plus la vie des sociétés humaines, dans les classes les plus humbles comme dans les plus élevées.

Ce véritable siége de la maladie qui travaille le

monde chrétien, et qui vous fait pousser le cri d'alarme au nom de l'épiscopat, vous fut signalé, il y a longtemps, dans une lettre écrite à l'un de vos vicaires généraux, par un de nos frères, sous la dictée de notre maître. Persuadé, sans doute, que la vérité la mieux démontrée par la triple puissance du sentiment, de la raison et de l'histoire, ne saurait jamais prévaloir contre l'erreur une fois marquée du sceau de l'infaillibilité dont l'Église romaine se dit l'unique dépositaire, vous n'avez jamais voulu discuter sérieusement nos démonstrations, ni vous, ni aucun des vôtres, comme si vous aviez tous craint de descendre des hauteurs où vous plaçait la possession de ce privilége exorbitant, en accordant trop d'importance, trop d'attention, à des remarques et à des avertissements qui restaient sans valeur auprès de vous, dès qu'ils ne portaient pas le cachet de votre obédience.

Il faut bien, monsieur, que vous n'ayez jamais rien lu, ni de la première lettre qui vous fut destinée personnellement par un saint-simonien, en 1860, ni de la réponse très-convenable, d'ailleurs, que votre vicaire général fit alors à cette lettre en votre nom, ni de la réplique dictée par Enfantin et publiée depuis à diverses époques, ni de tout ce que le saint-simonisme a enseigné dans ses chaires, ses missions, ses tribunes, ses journaux et ses livres, sur l'avenir religieux du monde, sur l'initiation progressive de l'esprit humain à la connaissance du vrai DIEU ; il faut bien que vous n'ayez rien su, rien voulu savoir de tout cela, pour que vous ayez pu, dans vos doléances épiscopales les plus récentes, considérer les personnes dont vous outragiez la mémoire comme suffisamment convaincues d'impiété, d'irréligion, de matérialisme ou d'athéisme, dès qu'elles avaient touché de près ou de loin au saint-simonisme.

Oui, monsieur l'évêque, quel que soit le ton assuré, hautain, magistral de votre réquisitoire contre les libres penseurs de toute nuance, réquisitoire qui, malgré son titre de *Lettre à un cardinal*, s'adresse bien moins, soit dit en passant, à l'autorité qui bénit les chapelets et distribue les indulgences, qu'à celle qui règne sur les corps, nomme les professeurs et les juges, et dispose des portefeuilles; oui, monsieur l'évêque, quelle que soit la fierté de votre attitude dans ce manifeste inquisitorial, il faut qu'il reste démontré, pour tous les gens honnêtes et sérieux, que c'est par une inintelligence simulée ou par une ignorance volontaire, que vous avez dénoncé, comme une des sources principales de l'athéisme contemporain, une doctrine dont les apôtres vous avaient édifié personnellement sur leur croyance en Dieu, une doctrine dont les fondateurs avaient eu le courage de tenter les premiers dans le domaine de la philosophie, au milieu d'un monde essentiellement matérialiste ou sceptique, la plus légitime, la plus nécessaire, la seule durable, mais aussi la plus difficile des restaurations de ce siècle, la RESTAURATION RELIGIEUSE *par la* RÉCONCILIATION *de la* SCIENCE *et de la* FOI, comme le prédisait, il y a soixante ans, le plus vaillant des théocrates de votre Église, Joseph de Maistre; RESTAURATION qui peut seule donner une sanction définitive à la RÉVOLUTION POLITIQUE et une base solide, une forme pacifique et un développement régulier à la RÉFORMATION SOCIALE.

Nous ne saurions mieux faire cette démonstration, monsieur l'évêque, qu'en venant édifier le public, une fois de plus, sur les véritables croyances du saint-simonisme dont vous avez jugé habile de mêler le nom à votre tocsin épiscopal sur l'athéisme.

Nous allons donc reproduire les passages les

plus saillants et les plus caractéristiques de la lettre de notre maître qui dut arriver en vos mains ou être mise sous vos yeux, il y a huit ans déjà, et dont vous avez cru pouvoir dédaigneusement ne tenir aucun compte, malgré la publicité qu'elle avait reçue, afin de mieux assurer le succès de vos attaques contre les personnes respectables et les choses utiles, au sujet desquelles sans doute *votre siége était fait.*

—Ah! vous vous en prenez à tout le monde des progrès de l'athéisme que nous déplorons comme vous, contre lesquels nous avons protesté et protestons autant que vous! Mais ces progrès, ces ravages, engagent bien plus votre responsabilité que la nôtre. Ils n'accusent pas la doctrine nouvelle qui n'a surgi que pour les arrêter, mais la vieille Église qui, devenue directrice suprême de l'éducation du genre humain et maîtresse souveraine de la foi et de la science chez les nations les plus civilisées, pendant plus de mille ans, n'a pas pu conserver cette suprématie et a laissé la foi s'éteindre en s'obstinant à empêcher la science de grandir. Lisez ou relisez plutôt ce que répondait notre maître à l'épître venue de l'évêché même d'Orléans en

1860, sur cette question capitale. (Voir la lettre adressée par Enfantin à M. Dupanloup, par l'intermédiaire de son grand-vicaire, aux pages 103 à 118.)

Vous y trouverez, Monsieur l'évêque, la déclaration de principes, la profession de foi, que faisait déposer en vos mains, à la fin de 1860, l'organe le plus éminent de ce saint-simonisme dont vous ne craignez pas néanmoins aujourd'hui de signaler l'inspiration et l'influence comme délétères pour le sentiment religieux, comme favorables aux débordements de l'impiété et à la propagande de l'athéisme!

Et cependant, cette propagande qui excite si vivement votre courroux, dont nous nous affligeons à si juste titre, vous et nous; cette propagande à laquelle vous essayez vainement de rattacher le saint-simonisme par la noble femme et les hommes honorables qui fondèrent les écoles professionnelles des jeunes filles, cette propagande, c'est vous et non pas nous, répétons-le encore, qui, sans le vouloir et sans le savoir, en êtes fatalement l'un des plus puissants auxiliaires, alors même que vous croyez vous constituer son plus redoutable adversaire, aux yeux du *prince de l'Église* que vous avez pris pour confident de vos doléances solennelles.

C'est le dogme qu'Enfantin vous conseillait de modifier et que vous persistez à déclarer *immuable;* c'est l'autorité que vous vous obstinez à déclarer *infaillible;* c'est le langage qui a cessé d'être apostolique et paternel pour se faire provocateur et sarcastique dans la bouche des évêques; c'est tout cela qui concourt à féconder le champ des incrédules, la pépinière des athées.

Pour rendre désert ce champ vaste et si fréquenté de nos jours, pour laisser tomber en friche cette pépinière florissante, il ne faut pas y pousser les générations qui arrivent, en les irritant, en les maudissant, en leur faisant un crime de ne pas appliquer, sans examen et sans réserve, la puissance de foi dont elles peuvent être douées, à des dogmes qui purent être croyables et acceptés au temps de Moïse, de Constantin et de Charlemagne, mais dont les progrès de la science et de la raison humaine ont gravement compromis ou ruiné depuis le crédit et le prestige. Si vous appeliez les sceptiques et les athées avec amour, avec sympathie, au culte d'un Dieu dont l'existence fût attestée et non contrariée par les conquêtes scientifiques, par les découvertes industrielles et par les aspirations démocratiques des sociétés modernes; si vous leur montriez le paradis terrestre et la terre promise devant et non pas derrière eux, avec le classement selon la capacité et la rémunération selon les œuvres, relevant à la fois la femme et le prolétaire de leur long abaissement, sans plus de tache originelle dans les catéchismes, ni de privilége pour le hasard de la naissance dans les codes et les chartes; le flot montant de l'incrédulité s'arrêterait bien vite alors, pour laisser passer la foi ravivée par son mariage religieux avec le progrès humain.

Mais si l'accomplissement de cette alliance vraiment sainte importe au salut et à la régénération d'un monde visiblement livré à l'anarchie des intelligences, des passions et des intérêts, il est certain aussi que cet indispensable accord entre l'enseignement religieux et celui des savants, des industriels et des artistes, ne s'établira sérieusement que lorsque les anciennes religions, plus ou moins convaincues d'épuisement et d'impuissance, auront été rajeunies, dans leurs dogmes, de manière à ne plus se trouver en dehors des lumières nouvelles, et en contradiction manifeste avec les vérités universellement consacrées par l'autorité souveraine de la raison et de la science.

II. — CAUSES D'ALARMES DE L'ÉPISCOPAT AU SUJET DES ÉCOLES PROFESSIONNELLES DES JEUNES FILLES.

Faut-il dire maintenant, monsieur l'évêque, pourquoi la science et la raison, ces deux grandes puissances du présent et de l'avenir, dont la sanction souveraine est indispensable à la renaissance du sentiment religieux, ne trouvent guère que des esprits rebelles dans la partie la plus influente et la plus remuante des représentants officiels de la religion?

C'est que si la conception religieuse est soumise à la loi du progrès et ne peut que gagner à marcher de front et d'accord avec l'esprit humain, il en fut toujours autrement de la milice sacrée, spécialement préposée à sa garde. Les princes des prêtres ne surent ou ne voulurent jamais comprendre les signes des temps parce qu'ils craignirent de perdre les priviléges attachés à leur institution. Périsse la religion plutôt que le sacerdoce! telle fut la pensée qui crucifia Celui qui venait développer et non pas abolir la loi. Comment les hommes habitués à se considérer et à se faire reconnaître comme les précepteurs exclusifs et infaillibles de toutes les nations, de toutes les races et de tous les siècles, possesseurs d'un pouvoir sans contrôle et sans bornes sur les consciences, et jouissant, en vertu de cette omnipotence spirituelle, des plus hautes positions et des plus précieux avantages de l'ordre temporel; comment ces éminents bénéficiaires de la foi aveugle pourraient-ils assister, sans pousser un cri d'alarme, aux progrès du rationalisme qui, en éclairant de plus en plus le monde, menace les fondements de leur toute-puissance? La lumière les importune, et ils le disent. C'est ce que vous avez fait, monsieur l'évêque, avec une rare franchise, dans vos attaques contre les *écoles professionnelles des jeunes filles*, la *ligue de l'enseignement*, les *écoles d'adultes*, les *cours libres*, les *matérialistes de l'École de médecine*, les *gens d'esprit libres penseurs du Sénat*, les *francs-maçons*, les *positivistes*, les *saint-simoniens*, etc., Mais c'est surtout dans le paragraphe de votre brochure dirigé contre les écoles professionnelles des jeunes filles que se trouve le plus naïvement exprimée l'incompatibilité de votre sentiment religieux avec la culture sérieuse des intelligences et la diffusion des lumières. Ce que vous ne pouvez pardonner à cette institution et au saint-simonisme qui aurait inspiré sa fondatrice, c'est d'avoir mis en relief cette maxime :

« La femme relevée de son long abaissement,
» placée sur le pied de l'égalité ; recevant par le
» bienfait d'une éducation libérale le développe-
» ment complet de ses facultés. . . . . »

Vous ne finissez pas la phrase, vous vous arrêtez là, monsieur l'évêque, pour mettre votre parole et votre pensée à la place de celle de l'écrivain que vous citez, et pour dire : —
« Mais tout cela sans religion, et on sait ce que
» tout cela veut dire dans la théorie et le langage
» saint-simonien. »

Cela veut dire, dans le langage et la pensée des saint-simoniens, monsieur l'évêque, ce que le saint-simonisme a proclamé et proclame comme une des grandes vérités sorties des labeurs, des combats et des triomphes de la raison humaine depuis trois siècles, c'est-à-dire que la femme, religieusement et philosophiquement considérée, est l'égale de l'homme ; qu'elle est appelée à jouir bientôt socialement de cette égalité, et qu'elle doit recevoir, comme l'homme, par le bienfait d'une éducation libérale, le développement complet de ses facultés.

En vérité, voilà des propositions bien faites pour paraître étranges et dangereuses au XIXe siècle.

Demander, pour la femme comme pour l'homme, *une éducation libérale et le développement complet de leurs facultés*, *pour qu'ils soient placés tous deux sur le pied de l'égalité*, dans la famille et dans la cité, et qu'ils marchent à l'unisson dans les voies larges du progrès social, vers Dieu qui est la perfection infinie! Mais tout cela offusque à bon droit, et inquiète d'autant plus ceux qui redoutent l'expansion des connaissances humaines pour leurs dogmes surannés, que tout cela n'est pas, quoi qu'ils en disent, *sans religion*, précisément parce que tout cela est formellement exprimé dans le *Credo* saint-simonien (1).

1. La première formule du *Credo* saint-simonien est celle-ci :

> DIEU est TOUT CE QUI EST ;
> TOUT est en LUI, TOUT est par LUI ;
> Nul de NOUS n'est hors de LUI
> Mais AUCUN de NOUS n'est LUI.

Non, monsieur l'évêque, *tout cela* n'est pas *sans religion*, et tout cela n'est effrayant que pour ceux dont la marche irrésistible de la civilisation et le développement progressif des facultés humaines, dans la femme comme dans l'homme, menacent le monopole spirituel et les priviléges temporels ; tout cela n'est pas sans religion, quoi que vous en disiez, puisque vous placez *tout cela* sous la responsabilité de l'*inspiration saint-simonienne*. Songez donc que de tous les prêtres catholiques, vous êtes, avec les PP. Félix et Gratry, les adversaires du saint-simonisme les moins autorisés à lui contester et à nier son caractère religieux, car c'est à vous trois que notre maître a adressé personnellement et publiquement les manifestations les plus caractéristiques de sa pensée profondément religieuse.

A la définition de DIEU, formulée primitive-

CHACUN DE NOUS vit de SA VIE
Et TOUS NOUS COMMUNIONS en LUI,
Car IL EST TOUT CE QUI EST.

L'égalité de l'homme et de la femme y est aussi consacrée, ainsi que l'amélioration morale, intellectuelle et physique de la classe la plus nombreuse et la plus pauvre dont le progrès implique celui de toutes les classes.

ment par le saint-simonisme, Enfantin avait ajouté des développements qui auraient dû le préserver, lui et ses disciples, de s'entendre accuser de pousser le monde à l'athéisme. Il avait écrit un livre sur les problèmes qui intéressent au plus haut degré la conscience, la moralité et la destinée humaine, et dans lequel il exprimait en ces termes sa croyance à l'immortalité :

« Je crois à la vie éternelle, c'est-à-dire *passée,* PRÉSENTE et *future.*

» Je crois à la perpétuation de ma personnalité, c'est-à-dire d'elle et du milieu qui complète sa vie, sans lequel elle ne saurait être, ni, parconséquent, se perpétuer.

» Je crois que ce qui est contient le résumé de ce qui fut dont il est le tombeau, et le germe de ce qui sera dont il est le berceau, et que l'union progressive de ce résumé et de ce germe, c'est-à-dire de notre vie passée et de notre vie future, constitue la vie présente nommée plus spécialement LA VIE. »

Une prière terminait ce livre.

« Mon Dieu, disait Enfantin, je vous renouvelle ici la prière que je vous ai adressée déjà tant de fois, et que certainement vous avez entendue et qui sera assurément exaucée. Faites que les différends entre les hommes dans chaque société, et entre les peuples, ne se terminent plus sur un échafaud ou sur un champ de bataille. Faites que tous reconnaissent que votre justice et votre puissance ne sauraient admettre, pour *dernière raison* de la justice et de la puissance humaines, la guillotine et le canon. Faites que tous les justes et les puissants de la vie présente et de toutes les vies passées s'inspirent des vies à venir qui sont votre volonté même; car vous ne voulez pas plus de peine irrémissible pour les vivants que de peine éternelle pour les morts; vous ne voulez pas que Caïn tue Abel, mais surtout qu'Abel tue Caïn. —

« Délivrez-nous donc, MON DIEU, de la légalité impie de la peine de mort, et de la sacrilége légitimité de la guerre. Exaucez cette prière! Elle vous a été implicitement adressée dans toutes les paroles de Jésus votre Fils, votre Verbe qui a pourtant été crucifié; depuis longtemps déjà elle est explicitement formulée par les prophètes de notre avenir, dont plusieurs ont aussi bien souffert pour votre volonté de paix! Exaucez-la, ce sera la récompense des saints et des martyrs; ce sera le pardon des victimes repentantes et la peine de tous ceux qui n'ont pas horreur du sang de leur frère, malgré la parole du Christ et des hommes que cette parole a saintement inspirés. »

ENFANTIN.

Voilà, monsieur l'évêque, la vraie théorie, le vrai langage saint-simonien! voilà ce que professait, publiait, proclamait hautement et sincèrement le chef de la doctrine aux inspirations de laquelle vous vous efforcez de rattacher tout ce que vous prétendez flétrir comme suspect d'irréligion et imprégné d'athéisme.

III. — LES INJURES ÉPISCOPALES ET LA DOCTRINE SAINT-SIMONIENNE. OÙ EST LE VRAI SENTIMENT RELIGIEUX?

Vous connaissiez, vous deviez connaître cette prière, monsieur l'évêque, puisque vous citez *à M. le cardinal* le livre d'où elle est tirée; et cette connaissance, obligatoire surtout pour l'écrivain qui cite avec intention d'incriminer, ne vous a pas empêché d'écrire et de publier sur ce livre les lignes suivantes :

« C'est ensuite la spéculation donnant la main à la propagande irréligieuse : toutes les plus malsaines productions de ce siècle-ci et du siècle dernier, — les *Romans* et *Contes* de Diderot, par exemple, y compris le plus infâme de tous; et puis, la *Vie éternelle* du P. Enfantin et autres écrits saint-simoniens, — réédités et livrés à vil prix, sous des noms merveilleusement faits pour tromper le peuple : c'est-à-dire *l'impiété*, *l'irréligion*, *le matérialisme*, *l'athéisme et l'immoralité la plus honteuse*, mis en circulation dans les villes, dans les campagnes, et jusque dans les plus petits hameaux (1). »

1. Poursuivre d'insinuations perfides ou de dénonciations injustifiables, travestir en impies et en athées les hommes qui se sont appliqués avec le plus d'ardeur et de courage à relever le nom de Dieu, au milieu d'une société sceptique, en le dégageant de tout entourage superstitieux pouvant servir d'aliment et de justification à l'incrédulité, c'est un fait qui n'est pas nouveau dans les annales du monde. L'histoire de l'Église en fournit d'abondantes preuves. Les premiers chrétiens, nos pères, furent dénoncés, persécutés, immolés comme des ennemis de la Divinité, parce qu'ils niaient les dieux de l'Olympe en proclamant l'unité divine. L'un de ces martyrs, saint Justin, dans sa seconde apologie adressée, sous forme de *très-humble remontrance,* à l'empepereur *Antonin le Pieux*, disait à ses persécuteurs qui se piquaient de philosophie, que le fanatisme païen, pour venger ses dieux méconnus, *avait fait mourir* Socrate, *ce grand philosophe*, *comme un athée*, *c'est-à-dire comme un homme impie sans Dieu.* « Voilà justement, disait le saint apologiste, l'image de ce qui se passe aujourd'hui à notre égard.... »

Socrate, en effet, avait commis un crime irrémissible aux yeux du monde officiel et conservateur d'Athènes, en faisant justice des fausses divinités d'Hésiode et d'Homère pour leur substituer un Dieu unique. Saint Justin déclarait que les chrétiens repoussaient au nom de Jésus-Christ ce que Socrate avait réprouvé au nom de la raison chez les Grecs. « Sur cela, ajoutait-il, l'on nous appelle des *gens sans*

En vérité, monsieur l'évêque, quand on a bien lu la profession de foi et la prière que nous venons de citer, on ne peut répondre à la phrase que nous vous empruntons ici que par l'exclamation qu'arrachait à saint Paul l'aveuglement des derniers conservateurs officiels ou sacerdotaux des superstitions hébraïques et païennes : exclamation toujours retentissante et que vous avez imprudemment exhumée vous-même des fondements du christianisme pour vous en servir contre les *gens d'esprit,* passés de l'Académie au Sénat et trop mal disposés, à votre avis,

Dieu; et véritablement nous faisons profession de ne point recevoir pour DIEUX de tels dieux; mais en même temps nous reconnaissons pour DIEU, l'unique et véritable DIEU, le Père de la droiture, de la pureté et de toutes les autres vertus, dont la sainteté ne souffre le mélange d'aucun vice, ni d'aucun défaut. »

Les saint-simoniens, accusés d'être des *gens sans Dieu*, d'*inspirer* les institutions *sans religion*, au mépris de leurs déclarations les plus solennelles, ne peuvent-ils pas dire à leur tour : « Voilà justement l'image de ce qui se passe aujourd'hui à notre égard » ? On ne les persécute pas en ce moment, il est vrai; mais si ceux qui accusent le saint-simonisme avec tant d'amertume et de persistance disposaient du bras séculier, il ne faudrait répondre de rien; car ils représentent parfaitement par leur dogme immuable, par leur foi intolérante et leur langage passionné, les juges implacables qui condamnèrent tant d'hérésiarques ou de philosophes, et qui alimentèrent si longtemps les bûchers de l'Inquisition.

pour les superstitions contemporaines, sans vous apercevoir que vous alliez fournir à ces réprouvés de l'Église romaine le mot le plus juste et le plus applicable qu'ils pussent opposer aux gens d'esprit passés de l'épiscopat à l'Académie; *Dicentes se esse sapientes,* STULTI FACTI SUNT.

Gémissez donc, Monsieur l'évèque, puisque c'est désormais votre destinée; mais craignez de la rendre pire par vos doléances irritantes et par vos attaques irréfléchies. Songez qu'en parlant toujours de Dieu comme d'un ennemi éternel pour la société moderne, et en le lui présentant sous des formes et dans des termes qui l'ont rendue incrédule, vous ne la ramènerez pas à la foi; et comprenez mieux les hommes qui croient en Dieu aussi bien que vous, mais qui l'entendent de manière à ne point être contredits et démentis ni par la science, ni par les sentiments, ni par les faits dominant aujourd'hui et devant dominer de plus en plus le monde. Lisez et méditez ce que le religieux inspirateur des femmes et des hommes sur lesquels vous avez laissé tomber principalement le poids de vos anathèmes répondit à la *Philosophie du Credo* publiée par le P. Gratry, votre collègue comme académicien et comme prêtre :

« Ainsi que l'auteur de la *Philosophie du Credo,* je combats l'athéisme qui prétend que Dieu n'est pas mais qui n'affirme ce non-sens que parce qu'on a voulu lui faire croire et dire cet autre non-sens, doublement contradictoire, à savoir : que Dieu *éternel* avait *créé*, *un jour,* TOUT de RIEN. Je combats également le panthéisme, qui, après avoir posé que Dieu est *tout* ce qui est, en tirerait cette conséquence absurde, illogique, vrai contre-sens, à savoir : que *chaque chose*, *chaque être* est Dieu ; mais je suis convaincu que l'athée nie seulement le Dieu *créateur* qu'on veut lui faire affirmer, comme je suis convaincu qu'il n'y a pas de panthéiste qui ait tiré de sa foi les conséquences impossibles et contradictoires avec cette foi même, que prétend en tirer légitimement le R. P. Gratry.

» Ainsi, il s'écrie : « Quoi ! *je suis* Dieu moi-» même ! *tout être* est Dieu, tout acte de la » vie de *chaque* être, inerte ou libre, est un » acte de la vie de Dieu ! » Je ne crois pas, dis-je, que jamais panthéiste, quelque exalté qu'il fût, ait parodié ainsi sa propre croyance.

« Je confesse même ma surprise de voir un homme aussi grave, aussi vénérable que l'auteur de la *Philosophie du Credo*, employer de pareilles armes pour combattre même les erreurs d'hommes aussi considérables que Spinosa, Hégel, Lamennais.

« Autant vaudrait accuser tout homme qui croit à l'infini en mathématiques, d'en conclure que *chaque* nombre est l'infini. — P. Enfantin. »

Nous avons la conviction, Monsieur l'Évêque, d'avoir assez expliqué le *Credo* des saint-simoniens, avec l'appui et sous l'inspiration de notre maître, pour faire comprendre au public le vrai caractère du saint-simonisme, et particulièrement, ce qui l'éloigne à la fois du *non-sens* des athées de tous les pays, et du *non-sens* des théistes de Jérusalem et de Rome.

Heureusement, grâce à la nature et à la puissance de notre foi, tous ces hommes dont nous sommes séparés sur le terrain de la théologie, sont toujours pour nous des membres de la famille humaine qui nous sont chers et unis, et que nous pouvons appeler nos frères en Dieu. Nous ne saurions donc mieux terminer cette longue lettre qu'en faisant un nouvel emprunt à Enfantin, en mettant sous vos yeux le *post scriptum* de sa réponse au P. Félix (1).

Tels sont, Monsieur l'Évêque, les sentiments qu'éprouvent et que garderont religieusement pour vous, malgré vos allusions peu fraternelles, les disciples et les amis qu'Enfantin a chargés de l'exécution de ses dernières volontés, de la propagation de sa foi et de la publication de ses œuvres.

ARLÈS-DUFOUR, *légataire universel*,
César LHABITANT, — LAURENT (de l'Ardèche),
Henri FOURNEL, — Adolphe GUÉROULT,
Arthur ENFANTIN.

1. Voir ce post-scriptum aux pages 93 à 95 du présent volume.

LA CRISE RELIGIEUSE

Au XIXe siècle

La *Revue des Deux Mondes* du 15 octobre 1868 publia sous ce titre un article remarquable, dont un passage, relatif au saint-simonisme, provoqua de la part de M. Laurent (de l'Ardèche), un des exécuteurs testamentaires d'Enfantin, la réponse suivante, qu'il adressa à l'auteur, M. Vacherot.

A M. VACHEROT, MEMBRE DE L'INSTITUT

31 octobre 1868.

Monsieur, personne ne rend plus sincèrement hommage à l'indépendance et à l'élévation de votre pensée, comme à l'impartialité de vos jugements, que les vétérans du saint-simonisme. Aussi, après une longue et parfaite résignation aux méprises et aux injustices de la foule des esprits superficiels, un peu trop prompts à jeter leur dernière pelletée de quolibets et de sarcasmes sur une doctrine naissante, qu'ils croyaient morte sous le poids de leurs railleries, devenons-nous plus susceptibles et éprouvons-nous quelque envie de protester, quand la fausse nouvelle de notre fin prématurée se retrouve sous une plume aussi grave, aussi loyale et aussi autorisée que la vôtre.

Je dois reconnaître, tout d'abord, Monsieur, que si les ouvriers de la première heure, dans la propagande saint-simonienne, n'avaient voulu que faire, avec un certain éclat, leur apparition sur la scène du monde, et s'attirer même les éloges de la critique contemporaine pour leurs bonnes intentions et leurs mérites personnels, sans prendre nul souci de la valeur et de la destinée de leurs idées et de leur foi; je dois reconnaître que cette mesquine et vulgaire ambition n'aurait jamais été mieux servie et plus largement satisfaite, que dans la page de la *Revue des Deux Mondes* du 15 octobre, où vous avez dit et où nous avons été heureux de lire ce qui suit :

« Le saint-simonisme n'est pas né en Orient, la terre classique des légendes et des religions; il a paru un beau matin à Paris, au plus ardent foyer de la civilisation européenne « ayant pour « berceau la grande école des sciences exactes « et de l'industrie. Les *sages* ont *souri* de cette

« aventure si nouvelle au milieu des ambitions « et des aspirations de nos sociétés si *posi-* « *tives;* ils ne l'ont vue et jugée que par le titre « et le dénoûment, sans s'intéresser à ce qu'il « y eut de *sincère,* de *généreux,* d'*héroïque,* « dans la manière dont l'entreprise fut conçue « et conduite. Pour une société comme la nôtre, « la *retraite de Ménilmontant* ne sera jamais « qu'une parodie de la retraite des apôtres après « la mort de Jésus, et pourtant, dans cette petite « société d'hommes qui se croyaient la mission « de renouveler, eux aussi, la face du monde, il « y eut beaucoup des sentiments, des affections, « des espérances naïves qui agitèrent la pre- « mière église chrétienne.

« Là aussi le cœur battit fortement pour le « salut du genre humain; là aussi on s'aima, « on se donna tout à tous, on se sentit en fa- « mille... Tous ceux qui ont vu les saint-si- « moniens à l'œuvre et dans leur vie commune, « en ont remporté une impression d'estime et « de sympathie pour toutes ces bonnes et géné- « reuses natures. »

Je m'arrête ici, Monsieur, pressé d'enregistrer un aussi précieux témoignage devant l'histoire, en faveur des nouveaux croyants « sincères et héroïques, » trop longtemps méconnus dans nos sociétés modernes. Mais vous ajoutez, après ce grand acte d'intelligente et bienveillante justice, que ces « bonnes et généreuses natures se sont oubliées un moment dans le sentiment d'une immense tâche, au point d'abdiquer à la fois la personnalité dont le sacrifice est toujours beau, et la liberté dont l'abandon n'est jamais permis. » Ici, je ne suis pas moins impatient de rendre à cet oubli, plus apparent que réel, son véritable caractère, en rappelant ce que mes amis et moi, honorés par Enfantin de la religieuse mission de publier ses écrits et de propager sa foi, n'avons cessé de répéter, dans les notices biographiques placées en tête des œuvres de Saint-Simon et d'Enfantin, c'est-à-dire que la discipline théocratique, pratiquée en 1831 et 1832, ne fût considérée par le maître et par les disciples que comme une nécessité transitoire, pour imprimer un mouvement plus énergique et plus rapide à l'apostolat, et non point comme une application logique des principes du saint-simonisme. Ces principes, en effet, restèrent si bien libéraux et démocratiques, au point de vue doctrinal, pour les fidèles de Ménilmontant comme pour les dissidents également attachés les uns et les autres à la maxime fondamentale du classement selon la capacité et de la récompense selon les œuvres, qu'Enfantin s'empressa de le reconnaître et de le proclamer lui-même, par une renonciation formelle à sa dictature passagère en entrant à Sainte-Pélagie. (*Œuvres de Saint-Simon et d'Enfantin. — Notices biographiques*, tome VIII, pages 206 à 210.)

Mais, après cette réponse à l'espèce de blâme dont vous avez cru devoir accompagner vos appéciations sympathiques pour les saint-simoniens de la première période, il y a, Monsieur, quelque chose de plus essentiel à opposer aux quelques pages que vous avez consacrées au saint-simonisme.

Vous vous montrez, en effet, bienveillant et équitable envers les personnes, et vous constatez chaleureusement leur sincérité, leur générosité, leur héroïsme, mais vous parlez de la doctrine comme si elle vous était moins connue, vous la traitez tellement sans façon, et vous la défigurez si bien qu'elle paraît morte au moment même où nous avons le bonheur de trouver pour elle des signes de vie jusque dans vos écrits, comme nous le verrons plus tard.

Le langage apologétique, employé à l'égard des adeptes, n'aurait-il été si net et si franc, que pour servir d'exorde et donner plus d'autorité à l'oraison funèbre, moins laudative, que vous alliez prononcer sur la tombe des idées? Quoi qu'il soit, permettez-nous, Monsieur, de protester contre cette sépulture anticipée. Ceux qui ont eu la hardiesse, la *folie*, si vous voulez, de se proclamer les *hommes de l'avenir*, il y a quarante ans, et qui, loin d'avoir rencontré devant eux, pendant cette longue expérience, des concurrents dignes de revendiquer et de justifier ce titre, n'ont trouvé dans les agitations stériles des écoles, des églises, des parlements et des chancelleries du vieux monde, que des raisons de persévérer dans leurs prétentions; ceux-là, dis-je, ont bien quelques droits de ne pas se laisser enterrer vivants et muets avec leurs croyances, quand ils sentent ces jeunes croyances plus vivaces que jamais en eux-mêmes, en dépit des glaces de l'âge, et malgré le voisinage insalubre d'un dogmatisme agonisant et d'un septicisme débilitant et contagieux.

« Pourquoi, dites-vous, le saint-simonisme a-t-il fini comme on sait? Il faudrait n'être pas de ce temps pour s'en étonner. Aujourd'hui que l'ivresse de l'initiation est passée, et que les membres de cette société n'ont plus qu'à faire un mélancolique retour sur les espérances déçues d'une jeunesse enthousiaste, il n'en est guère qui ne reconnaissent et n'avouent leur méprise. »

Il est évident, Monsieur, que le saint-simonisme n'est *fini* à vos yeux que parce qu'il a eu à la fois le malheur de ne pas fixer suffisamment l'attention de votre haute intelligence, et la mauvaise chance de ne s'être fait connaître trop tardivement à vous après la clôture de ses enseignements publics, que par quelques rares adeptes qui, ne l'ayant ni assez aimé ni assez compris pour le suivre avec une persévérance *héroïque*, ont aidé, sans le vouloir, à répandre le bruit de sa mort par l'aveu de leur défaillance.

Mais, croyez-le bien, Monsieur, nul membre de cette société, vraiment pénétré de l'esprit religieux et démocratique dont elle était et sera toujours animée, et ayant cru sincèrement une bonne fois au progrès humain dans la voie ouverte par Saint-Simon, et au Dieu infini qui vit dans tout ce qui est, nul saint-simonien sérieusement converti à la foi nouvelle n'aurait pu, à moins d'un accident intellectuel ou moral, s'accuser de ces nobles croyances comme d'une méprise. L'affirmation constante des principes fondamentaux, qui font la force et assurent l'avenir du saint-simonisme, s'est produite et manifestée chez les disciples de Bazard et de Rodrigues, comme chez ceux d'Enfantin.

Voici un aveu qui n'est pas anonyme, et qui constate cette persévérance commune des saint-simoniens de nuances diverses, sur les dogmes principaux qui constituent essentiellement leur doctrine. Cet aveu émane d'un homme dont personne ne contestera la droiture d'esprit, l'excellence de cœur, la noblesse de caractère. Édouard Charton s'était retiré avec Bazard de l'apostolat discipliné et dirigé par Enfantin pour l'organisation de la propagande et des enseignements publics. Il publia plus tard des mémoires où il rappela les angoisses de sa séparation en ces termes :

« Oui, je sais qu'un jour, devant moi, quelques voiles brillants se sont détachés. J'ai été effrayé, les voyant tomber ainsi ; car d'abord j'ai cru follement que c'était l'azur même du ciel qui se déchirait.

« A cette heure même, je ressens encore au

cœur des traces d'un serrement douloureux; mais, malgré mon isolement et ma faiblesse, je suis calme et confiant.

« Un jour, ajoute Charton, dans une discussion, un jeune député venant à confondre avec le principe de l'abolition progressive des priviléges de la naissance, l'utopie de la communauté des biens, involontairement je m'écriai : « Mais « nous ne disons pas cela. » Au même instant le fils d'un général de la République me prit la main et m'attira dans une autre partie de la salle; nous eûmes ensemble une longue conversation. Depuis ce moment, quand on m'interrogeait sur mes opinions philosophiques ou politiques, je répondais : « Je suis saint-simo- « nien. »

Voilà, Monsieur, comment la jeunesse enthousiaste du saint-simonisme, revenue de l'ivresse de l'initiative et parvenue aux abords de la vieillesse, fait un mélancolique retour aux espérances déçues; comment elle confesse et abjure, en toute humilité, ses méprises juvéniles!

La méprise est ailleurs, Monsieur; elle est dans la fâcheuse tendance à laquelle les meilleurs esprits n'ont pas toujours su résister, et qui les a portés à confondre les formes externes et passagères de l'apostolat primitif des saint-simoniens, lequel n'est plus réellement de ce monde, avec la valeur intrinsèque, religieuse, philosophique et politique des idées saint-simoniennes, lesquelles ont gardé, gardent et garderont, de plus en plus, toute leur vitalité et leur puissance, pour activer l'amélioration morale, intellectuelle et matérielle de toutes les classes, et surtout de la classe la plus nombreuse et la plus pauvre.

Voyez plutôt ce qui se passe en ce moment où vous proclamez que « le saint-simonisme a fini par comprendre l'impuissance radicale de toute entreprise de ce genre en Occident, au foyer même de la civilisation moderne, » et « qu'il est mort en jetant sur l'Orient un regard de regret et d'espérance ; » à vos côtés même, au sein de l'Institut, un de vos illustres collègues, M. Dupanloup, aidé par de pieux pétitionnaires, vient de dénoncer, non-seulement l'existence, mais l'influence progressive du saint-simonisme et ses envahissements alarmants pour l'épiscopat, dans les cours publics, les écoles professionnelles de jeunes filles, la Ligue de l'enseignement, les bibliothèques populaires, etc., en le signalant, bien entendu, sans plus de respect pour la vérité que pour la charité, comme un fauteur d'athéisme.

Il y a peu d'années encore, d'autres académiciens ont donné aussi au saint-simonisme des certificats de vie, et, sans y mêler le moindre fiel, n'ayant pas, en tant que libres penseurs, de clochers à défendre. C'est un de nos plus éminents publicistes, membre de l'Académie française, qui a dit un jour, dans le *Journal des Débats*, que la politique, dégagée de la théologie du saint-simonisme, était aujourd'hui *saint-simonienne*.

Le saint-simonisme vit donc toujours, en dépit de l'annonce un peu trop précipitée de sa mort, et il a la prétention de vivre, non-seulement dans sa politique, mais aussi dans sa théologie, de laquelle découlent, sans intervention aucune du surnaturel, toutes les réformes sociales qu'il a indiquées, et dont il espère la réalisation par une grande transformation religieuse qui n'aura rien d'inacceptable pour le positivisme moderne, et dont nous nous félicitons de trouver l'annonce à la fin de votre article du 15 octobre.

Ce sera en résumant cette théologie dans une seconde lettre, que je signalerai les passages de vos écrits où nous avons reconnu l'expression exacte de notre pensée sur la vie universelle, l'ordre cosmique, l'incarnation éternelle de l'être infini qui n'est qu'une abstraction pour les métaphysiciens, sur le vrai Dieu, enfin à l'existence duquel la raison et la science modernes, souveraines de plus en plus exigeantes dans nos sociétés positives, ne sauraient opposer victorieusement aucune des objections qu'elles soulèvent avec succès, contre les systèmes théologiques des anthropomorphites de toute nuance religieuse ou philosophique.

Jusque-là, Monsieur, je vous demande seulement, puisque vous avez reconnu aux premiers saint-simoniens *beaucoup des sentiments, des affections, des espérances naïves qui agitèrent la première Église chrétienne;* je vous demande de relire ce que Tertullien disait, deux cents ans après Jésus-Christ, aux païens de son temps : « Nous ne sommes que d'hier, et déjà notre pensée a pénétré partout ; nous avons envahi vos villes, vos châteaux, vos bourgades, vos camps, le palais, le sénat, le Forum ; nous ne vous laissons que vos temples. »

Êtes-vous bien sûr, Monsieur, vous qui avez cru le saint-simonisme mort, parce qu'il avait quitté son costume, après avoir été expulsé de ses chaires sous la double persécution des gens du roi et des Aristophanes modernes, êtes-vous bien sûr qu'il n'est pas assez vivant encore pour s'approprier le langage de l'apologiste du christianisme, et pour vous dire, à son tour, qu'il a envahi vos villes et vos bourgades, qu'il est dans vos écoles et dans vos camps, et qu'il a pénétré aussi au *Palais*, au *Sénat* et au *Forum, ne vous laissant que vos temples?*

Mais je ne dois pas oublier, Monsieur, que ce dernier mot n'irait pas, chez vous, à son adresse. Votre temple est probablement le nôtre, et, si je vous ai bien compris, il nous sera facile de nous retrouver, sous la conduite de la logique, dans la même cité.

Dans cet espoir, veuillez agréer, Monsieur, etc.

LAURENT (de l'Ardèche).

LA CRISE RELIGIEUSE AU XIXe SIÈCLE

(2e lettre)

A M. VACHEROT, MEMBRE DE L'INSTITUT

16 novembre 1868.

Monsieur, je me suis engagé, dans une première lettre, à établir que les saint-simoniens, dont vous aviez cru la foi éteinte et l'église ou l'école fermée pour toujours, faute par eux d'avoir choisi l'Orient plutôt que l'Occident, pour berceau de leur doctrine, étaient si peu résignés à se tenir pour morts sous le coup de l'éloge funèbre que vous veniez de prononcer, qu'ils se sentaient vivants, très-vivants, jusque dans vos écrits. C'est cet engagement que je viens remplir aujourd'hui.

Et d'abord, Monsieur, vous terminez votre article sur la crise religieuse au XIXe siècle, par une interrogation dont la forme dubitative laisse apparaître clairement le fond affirmatif de votre pensée en faveur d'une renaissance religieuse.

« Ni dans le monde catholique, dites-vous, ni dans le monde protestant, à part l'agitation qui se produit dans l'élite des croyants, le mouvement de réforme ne semble point possible au sein des masses. Le monde religieux, par son apparente immobilité, offre un contraste frappant avec le monde savant, philosophique, politique, où s'agitent dans toutes les grandes sociétés modernes tant de problèmes, où se préparent et se produisent tant de systèmes, de réformes et de révolutions. Cette apparence ne cache-t-elle pas un travail latent, profond, incessant, qui doive aboutir à une grande transformation religieuse du monde moderne? C'est ce qu'il serait curieux de rechercher. »

Eh bien, Monsieur, ce travail latent, profond, incessant, qui doit aboutir à une grande transformation religieuse, et que vous signalez, en 1868, comme objet de curieuse recherche, Saint-Simon, notre maître, l'annonçait en 1803, dans son premier écrit (*Lettre d'un habitant de Genève à ses contemporains*); et il y revenait, en 1810, dans une lettre à son neveu, en ces termes :

« La religion, mon neveu, a toujours servi et servira toujours de base à l'organisation sociale. Cette vérité est incontestable, mais elle n'a rien de plus certain que cet axiome :

« Pour l'homme, il n'y a rien de positif (d'ab-
« solu) dans le monde, il n'existe pour lui que
« des choses relatives.

« De ces deux principes combinés je déduis
« la conséquence *que la religion a toujours*
« *existé et qu'elle existera toujours, mais*
« *qu'elle s'est toujours modifiée et qu'elle*
« *se modifiera toujours;* de manière qu'elle a
« toujours été proportionnée, et qu'elle le sera
« toujours à l'état des lumières....

« Considérant l'état actuel des choses, nous
« verrons qu'elles sont dans un état de crise
« scientifique, morale et politique, et que cette
« crise est déterminée par la modification qui
« s'opère dans l'idée religieuse. »

N'est-ce pas là précisément ce que vous dites, Monsieur, de la grande transformation qui se prépare dans le monde religieux, au milieu des agitations et des révolutions du monde savant, philosophique et politique ?

Mais si votre pensée répond parfaitement à celle de notre maître sur la nécessité, la perpétuité et la perfectibilité de la religion, prise dans son sens le plus général, à travers les ruines de tant de vieilles religions qui présidèrent en leur temps au développement de la civilisation universelle, et qui sont mortes ou bien près de mourir aujourd'hui, pouvons-nous démontrer l'existence de cet accord, non-seulement sur la permanence du sentiment religieux, mais aussi sur la nature de l'idée religieuse qui pourra désormais donner satisfaction à ce sentiment, sans contredire la science et sans blesser la raison?

Oui, Monsieur, ici encore le saint-simonisme, que l'on s'est trop hâté de couvrir du drap mortuaire parce qu'il avait perdu la parole devant le public, quitté son uniforme, fermé sa demeure officielle et licencié sa milice apostolique; oui, le saint-simonisme, que vous avez réputé *mort pour n'être pas venu au monde en Orient,* s'était reconnu plein de vie en Occident, dans la *Revue des Deux Mondes* du 15 juin dernier, où se trouvaient largement et hautement exposées, à notre grand contentement, vos idées sur l'être infini que nous saluons ensemble du nom de DIEU, sans que le rationalisme le plus rigide, s'il refuse de s'incliner, puisse du moins se révolter à juste titre, au nom d'une vérité démontrée par la science.

« Pour savoir ce qu'est cet infini, — disiez-vous, — cet absolu, que l'idéalisme et le spiritualisme cherchent chacun à sa manière dans une abstraction, il semble qu'il n'y ait rien de mieux à faire que de s'adresser à la science positive. Elle nous en révèle tous les jours de plus en plus les vrais attributs, qu'il ne faut pas confondre avec les attributs que la conscience nous montre dans notre propre nature, sous peine de méconnaître la majesté de la nature divine; elle nous en fait voir l'unité, la bonté, la sagesse, la Providence, se manifestant par l'harmonieuse et progressive évolution des puissances contenues dans son sein. Oui, sans doute, le spiritualisme a raison; cet infini, cet absolu n'est point une cause aveugle qui produit tout au hasard. C'est, le spectacle du *Cosmos* nous l'enseigne, la cause finale par excellence; ce n'est pas un être bon, c'est le bien, comme le dit Platon. Ce mot est peut-être le seul de la langue des hommes qui exprime la nature, l'action, les attributs du grand être qu'elle salue du nom de DIEU. Mais cette cause est identique avec son œuvre. Dans cet être infini en tous sens, se confondent le principe, la substance et la fin des êtres : pour créer, il n'a point à sortir de lui-même, à descendre, on ne sait comment et par quelle dégradation, dans le monde du temps et de l'espace. Il crée, ou plûtot il produit dans le temps et dans l'espace au sein desquels il réside avec toutes ses manifestations; il produit, il réalise toutes choses d'après une loi, une raison qui n'est pas distincte de sa nature. » Et alors l'infini, l'absolu repose, non plus sur une abstraction logique ou psychologique, comme l'idée de Platon et de Plotin, ou la pensée idéale d'Aristote, mais sur le fondement solide de l'être universel. »

Voilà donc, Monsieur, votre théologie puisée aux sources les plus élevées de la science positive.

Voici maintenant la théologie saint-simonienne, résumée depuis près de quarante ans dans cette formule :

> DIEU est tout ce qui est,
> Tout est en LUI, tout est par LUI.
> Nul de nous n'est hors de LUI,
> Mais aucun de nous n'est LUI,
> Chacun de nous vit de Sa vie,
> Et tous nous communions en LUI,
> Car Il est tout ce qui est.

Ou je me trompe fort, Monsieur, ou ces deux théologies, au fond, n'en font qu'une, malgré la diversité dans la forme, puisqu'elles reconnaissent et proclament un même Dieu, l'être infini, l'éternel et incessant créateur, identique avec son œuvre et révélé à l'humanité, non par de vieilles légendes tirées des antiques religions, mais par les lumières nouvelles que la science positive a répandues sur le monde. Comment, aussi proches voisins que nous le sommes, Monsieur, intimement d'accord sur le premier des dogmes, remontant par le sentiment et par le raisonnement à la même source religieuse, également affranchis du joug de toutes les imaginations de l'anthropomorphisme, invoquant, comme synthèse suprême pour en déduire la morale et la politique de l'avenir, la même divinité, la vraie divinité, l'être infini en tout sens qui vit et se sent vivre dans tous les êtres finis; comment, en présence de cette concordance fondamentale entre votre conception théologique et la nôtre, et sur le terrain de la science moderne, avez-vous pu méconnaître assez la base religieuse du saint-simonisme pour dire de lui qu'il était mort en jetant sur l'Orient un regard de regret et d'espérance, parce que l'Orient est la terre classique des légendes et des religions; parce que là le surnaturel, source de toute foi religieuse, est ce que l'esprit tout imaginatif des peuples comprend et accepte le plus aisément; parce que là naît, grandit et se propage la légende qui porte les religions dans son sein? Où donc avez-vous découvert que le saint-simonisme eût la prétention de s'appuyer sur la *légende* et le *surnaturel* et qu'il se fût mépris jusqu'à tenter de recourir au merveilleux dans notre Occident, où l'esprit tout imaginatif des peuples d'Orient lui aurait fait défaut?

Je sais bien, Monsieur, que les saint-simoniens furent pris, il y a longtemps déjà, pour des *mystiques* par les esprits forts, sceptiques ou athées, qui voient la superstition et le mysticisme partout où ils rencontrent le nom de *Dieu* ou le mot de *religion*, comme ils furent accusés de matérialisme par les puritains spiritualistes, pour avoir enseigné, selon leur foi toujours vivante, que la matière était en Dieu aussi bien que l'esprit. Mais si ces deux reproches contradictoires s'expliquent par la nature des doctrines respectives de deux écoles fondamentalement irréconciliables, lesquelles déplacent et mutilent également l'unité divine, qui réside dans l'être infini, dans le grand *noumène*, comme disent les métaphysiciens, pour la reporter exclusivement dans l'une ou l'autre de ses deux grandes manifestations phénoménales, la matière ou l'esprit, cette explication, dis-je, ne pourrait être admise pour une accusation de *mysticisme* portée contre le saint-simonisme par le profond penseur qui, en rendant hommage à l'Être universel, à l'éternel Créateur, identique avec son œuvre, a mis si lumineusement en relief notre propre théologie, en exposant la sienne.

Nous ne saurions trop déplorer, en effet, Monsieur, les trompeuses apparences qui ont pu vous amener à écrire cette phrase :

« Lorsque, dans une sorte d'*ivresse mystique* que des adversaires peu bienveillants ont prise pour *un calcul de charlatans*, le saint-simonisme a parlé des *révélations* de Saint-Simon et des *inspirations* du père Enfantin, il n'a pu triompher du ridicule qui s'attache à ces mots d'une langue morte pour nous, du moment qu'on veut s'en servir autrement que par métaphore. »

Évidemment, ce n'est pas, Monsieur, dans ce que vous appelez les *Mémoires* du père Enfantin, c'est-à-dire dans les notices historiques placées en tête des œuvres de Saint-Simon et d'Enfantin, et dont nous acceptons toute la responsabilité, ce n'est pas là que vous avez pu puiser la fâcheuse inspiration de représenter le saint-simonisme comme tombé en naissant dans une *sorte d'ivresse mystique* et comme écrasé sous le poids du ridicule pour s'être servi, autrement que par métaphore, de ces mots d'une langue morte : révélation, inspiration.

Relisez donc, Monsieur, ces *Mémoires* du père Enfantin (puisque c'est le nom que vous donnez à notre publication, parvenue en moins de trois ans, soit dit en passant, à son dix-huitième volume, — marche assez rapide pour des morts —), relisez la vie de nos maîtres, et vous reconnaîtrez avec nous qu'aucun d'eux, ni Saint-Simon, ni Enfantin, ni Rodrigues, ni Bazard, n'ont jamais rien dit qui impliquât l'intervention du surnaturel dans leurs conceptions religieuses et sociales, et que les mots d'une langue morte, *révélation* et *inspiration,* furent toujours entendus et employés par eux dans le sens métaphorique.

Saint-Simon, par exemple, avait si peu la prétention de s'attribuer une mission *divine* et de se proclamer *révélateur* à la manière des messies orientaux, c'est-à-dire par une communication miraculeuse avec un dieu personnel, qu'après avoir déclaré en 1803, dans son premier écrit, qu'il ne voulait envisager la religion que comme une invention humaine, il conseillait à son neveu, en 1810, de s'attacher au premier novateur en religion qui, bien loin de se dire favorisé d'une révélation nouvelle, saurait agrandir religieusement le domaine de la raison, restreindre dans de plus étroites limites celui des *idées révélées*, et introduire dans les séminaires l'étude des sciences d'observation, afin d'y réduire au plus petit pied possible l'enseignement des sciences théologiques. (*Œuvres de Saint-Simon et d'Enfantin.* — Notices biographiques, I, 39.)

Et quinze ans plus tard, à la fin de sa carrière, quand il publia le *Nouveau Chistianisme*, prévoyant que la base religieuse qu'il donnait à ses réformes sociales provoquerait les rires voltairiens, selon ses propres expressions, chez les personnes habituées à ne considérer les idées sur la divinité et sur la révélation que comme des formules faites pour les temps d'ignorance, il prit soin de répondre d'avance à ces personnes dans un avant-propos, en disant que si elles ne repoussaient la régénération du christianisme que pour lui substituer la raison pure et la loi naturelle, *révélées* au fond des cœurs, elles ne soutiendraient plus sans doute une discussion de mots.

Voilà, monsieur, ce que Saint-Simon entendait par *révélation*, en ce qui concernait son nouveau christianisme, et comment il se servait de ce mot autrement que par mètaphore!

Et Enfantin, a-t-il mieux justifié le ridicule dont voulurent le couvrir tout d'abord les critiques inintelligents ou trop superficiels, et qui n'auraient pas dû trouver encore des échos parmi les esprits les plus graves et les plus éclairés de ce temps-ci! A-t-il plus que Saint-Simon donné à ses *inspirations* un caractère surnaturel, marqué ses conceptions religieuses du cachet des superstitions orientales et du merveilleux biblique? A-t-il jamais oublié que « Dieu est tout ce qui est, que nul de nous n'est hors de lui, mais qu'aucun de nous n'est lui, » pour se prévaloir d'un privilége particulier de communication directe et mystérieuse avec un Dieu personnel, comme l'ont imaginé les anthropomorphistes?

Un jour le sentiment de la supériorité du maître s'étant exaltée chez un des disciples les plus enthousiastes, jusqu'à lui faire exprimer le désir de voir le père suprême se proclamer le Verbe particulier de la Divinité, Enfantin se contenta de répondre : *Homo sum*. (*Œuvres de Saint-Simon et d'Enfantin.* — Notice historique, VI, 212 à 214.)

Peu de temps après, Enfantin développa nettement sa pensée sur cette question capitale, dans une préface qu'il plaça en tête d'une réimpression du *Nouveau Christianisme*, et dans laquelle il fit cette profession de foi, exclusive de tout mysticisme et essentiellement caractéristique pour le saint-simonisme :

« Nous ne sommes pas comme les chrétiens, immobiles avec leur Bible, comme les mahométans avec leur Coran, comme les juifs et les Indiens avec leurs livres saints, tous prosternés devant une lettre morte, immuable comme l'éternité; nous sommes, par Saint-Simon, les hommes de progrès, et si nous reproduisons textuellement les œuvres de notre maître, ce n'est point par un supertitieux respect pour les *perfections* du révélateur. »

Ainsi Enfantin, loin d'assimiler ses inspirations progressives aux révélations immuables de l'Orient, s'appliquait à les en distinguer et répudiait par là expressément le titre et le rôle de *révélateur* pris à la lettre, c'est-à-dire *sans métaphore*. Là donc encore point d'*ivresse mystique* à faire supposer un *calcul de charlatans* et à mener inévitablement au ridicule par l'emploi des mots d'une langue morte.

Mais les disciples d'Enfantin imitèrent-ils sa réserve et se maintinrent-ils fermement en dehors de toutes les suppositions et dans les limites du raisonnable et du possible pour les sociétés positives de notre siècle?

S'il y a eu parmi eux des hallucinés pour parodier le mysticisme antique, ils sont restés isolés et muets, et rien n'est sorti de leur sein qui pût faire contraste avec les déclarations doctrinales et solennelles des maîtres, toutes exclusives du concours du surnaturalisme.

Écoutez plutôt ce qu'ont proclamé ceux des disciples d'Enfantin qui ont été chargés, dans son testament, de parler en son nom et de publier ses œuvres pour propager sa foi.

« La perfection, ont-ils dit dans l'avertissement qui précède les notices historiques sur Saint-Simon et Enfantin, n'appartient qu'à l'infini, à Dieu. L'humanité doit se contenter d'être perfectible et de pouvoir s'approcher sans cesse du bien absolu qu'il ne lui est pas donné d'atteindre.

« La révélation pour les saint-simoniens ne saurait être autre chose que l'inspiration qui, à chaque époque, fournit au génie de l'homme les sentiments et les idées au moyen desquels il remplit successivement les conditions attachées, dans le plan divin (c'est-à-dire par la loi divine qui n'est pas distincte, comme vous le professez, de la nature divine) au développement de la perfectibilité humaine.

« Cette révélation est donc permanente et progressive. De plus, elle n'est pas seulement le résultat de l'inspiration spontanée et particulière des hommes de génie en qui elle se manifeste; elle participe aussi de l'influence des siècles passés et des progrès antérieurs, aussi bien que du mouvement contemporain au milieu duquel elle se produit; et elle ne se propage et ne se fortifie qu'en se conformant, dans son interprétation et sa pratique, à l'inspiration collective des générations qu'elle traverse, qu'en mettant largement à profit le reflet lumineux du monde vivant qu'elle soulève et qu'elle aspire à mener.» (*Œuvres de Saint-Simon et d'Enfantin*, I, 11, 12.)

Que devient, Monsieur, en présence de cette profesion de foi, si nette et si formelle, l'*ivresse mystique*, qualifiée par la malveillance de *calcul de charlatan* et provocatrice du ridicule par l'emploi du mot *révélation*, hors du style figuré?

Les rieurs primitifs, les voltairiens de 1830 n'étaient pas fondés, sans doute, à nous accuser de mysticisme et à nous prendre pour des jésuites, ou pour des *prêtres de Thèbes et de Memphis*, comme nous avait appelé Benjamin Constant, en 1826, dans l'ignorance complète de nos idées religieuses; mais ces adversaires peu bienveillants n'avaient pas été prémunis par l'expérience contre la légèreté, la promptitude, la précipitation de leur jugement. Ils entendaient sortir de notre bouche des mots qui ne représentaient à leur esprit que des croyances, des institutions par eux détestées, et le saint-simonisme ne leur apparaissait que comme une variété de spiritualisme superstitieux.

Si notre journal officiel, *le Globe*, remaniait chaque jour la carte de l'Europe pour indiquer les moyens d'activer la sainte alliance des peuples, s'il publiait les plans de tous les grands travaux industriels à accomplir dans les deux mondes, le réseau des chemins de fer occidentaux et orientaux, le percement des isthmes, le creusement des canaux, l'application de la puissance de la vapeur aux communications maritimes, et, pour couronnement, le plan d'un nouveau Paris, le tracé et le spécimen d'une métropole de la civilisation universelle entièrement neuve, tout cela ne servait auprès des hommes sans bienveillance et sans prévoyance qu'à leur faire ajouter la qualification de *rêveurs mystiques* dont ils ne voulaient pas se départir à l'égard des saint-simoniens.

Cette persistance, en l'absence de toute réalisation des projets conçus, des œuvres gigantesques signalées par le saint-simonisme, pouvait être excusable en 1832, mais la continuer, la sanctionner, la rajeunir en 1868! parler encore aujourd'hui de l'ivresse mystique qui aurait tué le saint-simonisme par le ridicule, en plein Paris renouvelé, en face de ces milliers de voies ferrées et de navires qui suppriment les distances, multiplient et accélèrent le contact des nations dans les deux mondes, en face de ce canal de Suez qui va joindre les deux mers et dont le nom est inséparable de celui d'Enfantin, c'est un véritable et bien fâcheux anachronisme, devant lequel auraient certainement reculé, s'ils vivaient encore, les rieurs spirituels de la petite presse de 1830.

Je regrette d'autant plus de telles méprises, je ne saurais trop le répéter, Monsieur, qu'elles ont échappé à un des écrivains les plus sérieux de la présente génération philosophique et qu'elles ont été commises dans un article extrait d'un livre que j'aurai bientôt à considérer dans son ensemble et dont la conclusion renferme, sur le dogme religieux de l'avenir, des hardiesses, ou pour mieux dire, des vérités qui ne peuvent qu'exciter profondément les sympathies des propagateurs persévérants du saint-simonisme.

Agréez, Monsieur, etc.

Trois mois après son article sur *la Crise religieuse au* XIXe *siècle*, dans la *Revue des Deux Mondes*, M. Vacherot publia un livre d'une importance capitale, sous ce titre : La Religion.

Cette publication ravivait toutes les hautes questions soulevées par l'école saint-simonienne. Il nous sembla que c'était un appel à une discussion sérieuse sur le problème fondamental de la philosophie et de la politique pour le monde moderne, et nous crûmes devoir publier notre réponse à cet appel comme l'expression de notre foi persévérante en Saint-Simon. Cette réponse fut insérée dans l'*Opinion nationale*, en trois articles que nous croyons utile de reproduire ici.

LA RELIGION

PAR **E. VACHEROT**, MEMBRE DE L'INSTITUT

PREMIER ARTICLE

18 janvier 1869.

La religion ! Ce mot, qui a provoqué de nos jours de si violentes protestations dans les Congrès internationaux de la démocratie, à Liége, à Genève, à Vienne, à Berlin, à Berne, etc., ce mot serait-il mieux accueilli à Paris, cette capitale du roi Voltaire, destinée, en dépit des réactions cléricales, à rester après tout le siége principal de l'esprit moderne, le foyer central et inextinguible des lumières nouvelles ?

Certes, si, au lieu d'inscrire en tête d'un livre de haute philosophie, ce mot malsonnant, par le temps qui court, à l'oreille de quelques libres penseurs plus ou moins esclaves du doute et fanatiques de la négation, M. Vacherot se fût avisé d'aller le prononcer dans une de ces réunions publiques où le cri de guerre aux dieux et aux rois de toutes les époques et de tous les pays soulève de chaleureux applaudissements, il est très-probable que la partie la plus bruyante de son auditoire ne lui aurait pas donné le temps d'expliquer comment il entendait ce vieux mot de *religion*, ni de démontrer qu'après avoir servi d'expression à des hypothèses plus ou moins superstitieuses et devenues scientifiquement inadmissibles, ce même mot peut s'appliquer encore à la connaissance de la plus palpable des vérités, à la conception de l'éternelle réalité, à l'intelligence de l'harmonie universelle, sans que rien dans l'homme moderne, pas plus la raison et la science que le sentiment, contrarie sérieusement cette hardie application.

Mais le monde croyant, ou présumé tel, celui qui ne va pas étudier les graves problèmes de la destinée humaine et de la vie sociale dans les joûtes oratoires de la Redoute et du Pré-aux-Clercs et qui court de préférence, soit aux prédications gallicanes ou ultramontaines du catholicisme, soit aux sermons libéraux ou orthodoxes des protestants ; ce monde qui donnait, hier encore, la première place à la religion dans son programme politique, se montrera-t-il intimement plus sympathique et ouvertement plus favorable que le philosophisme des congrès à l'œuvre essentiellement religieuse de M. Vacherot ?

Nous ne le pensons pas.

Ce monde si fervent pour *la religion* comme pour *la famille* dans les jours de crise, quand il croit *la propriété* en péril, se divise en deux classes bien distinctes : l'une qui possède ou croit posséder la foi, et l'autre qui l'affecte seulement par des considérations politiques; mais toutes deux appliquent leur sollicitude conservatrice à des dogmes traditionnels, à l'un des cultes reconnus par l'État.

Pour les minorités sincèrement attachées à ces dogmes et à ces cultes, il n'y a pas d'autres religions possibles que celles qui ont été pratiquées jusqu'ici par le genre humain ou qui seraient marquées, comme elles, du sceau de l'anthropomorphisme et du surnaturel.

Pour les majorités sceptiques ou indifférentes, qui considèrent la religion comme bonne seulement en politique, en tant que frein pour le peuple dont l'impatience progressiste les inquiète vivement, elles n'attribuent cette utilité relative qu'aux croyances traditionnelles, officiellement établies, consacrées par des légendes, cultivées par des prêtres, assez enracinées dans les préjugés d'une nation pour leur servir d'appui contre l'esprit révolutionnaire.

Ainsi, les phalanges bourgeoises du grand parti de l'ordre ne salueront pas, avec plus d'empressement et plus de sympathie que les enfants terribles de l'athéisme, l'apparition d'un livre où se trouve lumineusement exposé le titre primordial de la religion, celui qui la rend impérissable dans son essence, par-dessus toutes les écritures et tous les temples, et à travers les ruines de tant de divinités et de sacerdoces.

A d'autres l'histoire des vicissitudes de la religion dans le passé et de ses institutions variées selon les temps et les lieux ; M. Vacherot s'est proposé un but plus élevé, s'est imposé une étude plus intéressante pour l'avenir. Il s'est demandé si la pensée religieuse qui présida partout et sous tant de formes à l'éducation du genre humain et qui a exercé jusqu'ici une si grande influence sur le gouvernement et la destinée des nations, ne fut qu'une aberration accidentelle de nos premiers pères, prolongée à à travers les siècles par des causes purement contingentes, ou bien si son universalité et sa perpétuation n'attestent pas qu'elle est essentiellement liée et manifestement inhérente à la nature même de l'homme.

« Si la religion, dit-il, n'est qu'une illusion de l'imagination, une erreur naïve de l'enfance de l'esprit humain, comment persiste-t-elle, à l'âge de la raison virile, chez tant d'hommes, aussi distingués par l'intelligence que par la science? Le sentiment religieux ne serait-il pas un besoin de l'âme, alors même que le symbole ne satisferait plus la raison? La foi n'aurait-elle pas ses droits sur la nature humaine, aussi bien que la science, en s'adressant à un autre côté de cette nature? En un mot, si les religions passent, la religion elle-même ne serait-elle pas éternelle, soit comme objet de l'imagination et de l'intelligence, soit comme un objet du sentiment? Si les formes s'évanouissent après une durée plus ou moins longue, le fond n'est-il pas immuable? Tels sont les problèmes qui, dès le début du siècle, occupaient les esprits sérieux. La question religieuse est comprise et posée dans sa solennelle gravité par tous les philosophes des nouvelles écoles. »

Dès 1802, en effet, un esprit très-sérieux, le général Bonaparte, disait aux curés de Milan, dans une réception officielle :

« Moi aussi je suis philosophe, et je sais que dans une société quelconque, nul homme ne saurait passer pour vertueux et juste *s'il ne sait d'où il vient et où il va.* La saine raison ne peut nous donner là-dessus aucune lumière; sans la religion, on marche continuellement dans les ténèbres..... Nulle société ne peut exister sans morale, et il n'y a pas de bonne morale sans religion; il n'y a donc que la religion qui donne à l'État un appui ferme et durable. Une société sans religion est comme un vaisseau sans boussole..... »

Si le futur empereur s'en fût tenu là; s'il n'eût proclamé la nécessité universelle et perpétuelle de la religion que comme un besoin général des sociétés humaines, sans acception de temps et de lieu, de dogme et de culte, et comme une aspiration instinctive, inhérente à la nature même de l'homme, et le portant à désirer savoir d'où il vient et où il va, la philosophie sans affinité avec l'athéisme se serait accommodée à coup sûr d'un langage où l'universalité et la perpétuité de la religion auraient été expliquées, comme elles le sont aujourd'hui, par M. Vacherot, sans recours au surnaturalisme, à l'aide de la psychologie, et de manière à faire comprendre que l'institution religieuse est à la fois impérissable dans son principe et perfectible dans ses enseignements et dans ses formes.

Mais le philosophe qui venait de faire le 18 brumaire, et qui se sentait appelé à prendre place dans l'histoire bien plus près d'Alexandre et de César, de Charlemagne et de Frédéric, que d'Aristote et de Cicéron, de Descartes et de Leibnitz, donnait un tout autre sens, une autre portée à l'attestation solennelle de sa vive sollicitude pour la religion. En train de préparer une restauration cléricale, il s'inspirait moins de la science moderne qui régnait dans les écoles nouvelles et au nom de laquelle il était entré à l'Institut, que des vieilles croyances dont l'influence persistante sur les masses pouvait le servir dans ses plans de restauration monarchique. Aussi, après avoir dit que « sans la religion on marche continuellement dans les ténèbres, » s'était-il empressé d'ajouter : « et la religion catholique est la seule qui donne à l'homme des lumières certaines et infaillibles sur son principe et sa fin dernière. »

Inutile de dire que cette attribution au catholicisme du monopole de la vérité et du privilége de l'infaillibilité émanait d'une pensée moins religieuse que politique. Le premier consul inaugurait alors le Concordat et préparait de loin le sacre sans prévoir l'excommunication ultérieure, faute de connaître à fond la ténacité théocratique des oracles *infaillibles*, et partant incorrigibles du Vatican. Il parlait le langage que n'ont pas cessé de tenir depuis les philosophes et les hommes d'État du grand parti conservateur, invoquant toujours la foi officielle, héritée des ancêtres, dans leurs discours publics, pour le besoin de leur politique, et restant sceptiques au fond de l'âme pour la plus grande commodité de leur vie privée ou de leur position sociale.

Mais si la puissance publique a besoin du concours des croyances religieuses pour sa propre stabilité, il est évident que cet appui nécessaire, pour être sérieux et efficace, ne saurait se trouver que dans une religion dont les dogmes, séculairement respectés, continueraient d'exercer un empire incontesté sur la conscience des masses. Eh bien, qui peut dire aujourd'hui que cet empire appartient sans conteste à une des religions légalement reconnues?

C'est la foi des peuples et non pas leur sujétion habituelle aux pratiques du culte, qui fait de la religion un levier politique pour les gouvernements; là où la foi n'est plus, le levier est brisé, de quelque faveur et de quelque pompe que l'on entoure les cérémonies religieuses. Si une société sans religion est un vaisseau sans boussole, une religion sans la foi n'est guère non plus qu'un navire démâté et sans moteur. Or, c'est le plus illustre des papistes contemporains, de Maistre, qui a dit, peu après le concordat de Pie VII avec la France : *Il n'y a plus de foi sur la terre*. C'est Pie VIII qui a confirmé ensuite ce témoignage irrécusable en ces termes : *Les pratiques saintes sont un sujet de moquerie; tous les enseignements sont assimilés à de vieilles fables ou à de vaines superstitions.* Et c'est Pie IX qui vient chaque année, dans ses Encycliques, ses allocutions ou ses brefs, attester, par l'amertume et la fréquence de ses doléances, le succès croissant de l'incrédulité.

Si pourtant la foi est indispensable aux sociétés humaines, il y a donc à aviser. Quelques libres penseurs ont beau signaler l'impuissance finale des anciennes religions comme la fin de toute religion, c'est une méprise contre laquelle proteste la nature de l'homme et dont l'avenir fera justice, ainsi que le fait pressentir M. Vacherot dans le livre essentiellement remarquable que nous n'avons fait qu'annoncer dans ce premier article, et sur lequel nous reviendrons prochainement.

LAURENT (de l'Ardèche).

DEUXIÈME ARTICLE

1er avril 1869.

C'est par l'Allemagne, où la science s'est souvent montrée disposée à s'entendre avec le christianisme, par l'entremise du libre examen, c'est par l'Allemagne que M. Vacherot commence la revue des philosophes qui, depuis le XVIIIe siècle, dans leur métaphysique ou leur critique, ont touché plus ou moins à la théologie, à la question de la cause première, au grand problème de l'existence et de la nature de Dieu.

M. Vacherot, dans ce précis historique de la philosophie allemande, remonte jusqu'à Leibnitz qu'il appelle justement un grand éclectique, comme ayant appliqué constamment son génie à concilier les doctrines et les institutions les plus contraires. Il est remarquable, en effet, qu'on ait pu dire de ce sublime penseur, comme l'a fait un de ses biographes, Maine de Biran, qu'il était aussi attaché aux formes qu'au fond du christianisme, et que son système philosophique, la monadologie, se fondait toutefois sur la même hypothèse que le panthéisme de Spinosa. Mais ne pourrait-on pas supposer aussi que Leibnitz, entendait, sans nul doute, le dogme chrétien autrement que les théologiens scolastiques, et qu'il trouvait dans la métaphysique sacrée de saint Jean, de saint Paul et de saint Augustin quelques points de rapprochement avec celle de *saint Spinosa*, comme Schleirmacher, qui mourut pourtant en donnant la communion et en communiant lui-même, appelait le grand apôtre du panthéisme?

Lessing aussi, quoiqu'il ait prophétisé un nouvel âge du christianisme, la venue de l'esprit de vérité, *le règne du Saint-Esprit*, Lessing n'admettait pas l'idée des orthodoxes chrétiens sur la divinité et lui préférait celle de *saint Spinosa*.

M. Vacherot fait remarquer d'ailleurs, par l'exemple, non-seulement de Leibnitz et de Lessing, mais encore par celui de Kant, de Fichte et de beaucoup d'autres penseurs de la Germanie, que *la philosophie allemande est toujours restée religieuse, même dans sa plus grande indépendance et sa plus grande audace spéculative.*

« Pourquoi, dit-il, cet esprit si différent de celui des philosophes français? Cela tient à deux causes principales : 1° à la différence du génie national; 2° à la différence de l'éducation religieuse. Il ne faut pas oublier que les philosophes qui parlent ce langage, si nouveau pour des oreilles françaises, sont des Allemands et des protestants. Si la réforme n'est pas encore la philosophie, elle y prépare; si elle ne comble pas la distance qui sépare la foi de la raison, elle la diminue... »

Cependant M. Vacherot se hâte d'ajouter :

« Lessing, Kant, Fichte, étaient assurément des amis de la théologie, mais des amis plus dangereux que des philosophes qui, en France, lui firent une guerre acharnée. Un Dieu qui n'était plus que l'idéal de la loi morale, une église qui se réduisait à la société des libres esprits, tel était le christianisme éternel que ces philosophes substituaient au christianisme historique. La nouvelle philosophie aborda le problème religieux avec un autre esprit et une méthode critique différente. Ce n'est plus seulement le but et le rôle de l'institution religieuse qu'elle considère, c'en est surtout l'origine et la matière. Elle s'éprend pour le fond même des dogmes religieux d'un amour qui va jusqu'à la foi et parle de la vérité, de la religion, comme la philosophie du siècle précédent parlait de sa moralité. Cette pensée se retrouve chez tous les philosophes du temps ; la dialectique savante de Hégel en est aussi pénétrée que la dialectique enthousiaste de Schelling. »

Tout cela est très-vrai et très-justement apprécié; mais, après tout, les penseurs allemands de l'ère nouvelle, comme ceux de l'ancienne, les disciples de Kant et de Fichte, comme ceux de Schelling et de Hégel, tous ces esprits plus ou moins religieux, que leurs études et leurs méditations fussent appliquées seulement au but et au rôle de l'institution religieuse, ou qu'elles eussent pour objets l'origine et la matière même de la religion, tous ces grands explorateurs des hautes sphères du monde intellectuel, théistes ou panthéistes, ne sont en définitive, ainsi que M. Vacherot l'a dit de Lessing, que des *philosophes* dont la religiosité est restée purement spéculative et individuelle, sans rien produire en métaphysique qui ne se trouve en germe dans les théories panthéistes des XVIIe et XVIIIe siècles, et sans apporter ni sérieuse attention, ni vive lumière, ni active sollicitude à la question principale de l'avenir social du sentiment religieux, si vivement agitée de nos jours.

Mais M. Vacherot lui-même, qui, dans la *Revue des Deux Mondes* du 15 octobre dernier, s'exprimait sur la crise religieuse de notre époque comme s'il marchait à la recherche, et qui croyait signaler même la découverte d'un *travail latent, profond, incessant, qui devait aboutir à une grande transformation religieuse du monde moderne;* M. Vacherot, qui publiait peu de temps après, dans le *Journal des Débats*, l'introduction de son beau livre sur la *religion*, prêt à paraître, et dans laquelle il se demandait, sous une forme qui semblait exclure dans sa pensée intime toute réponse négative, « si le sentiment religieux ne serait pas un be- « soin de l'âme, alors même que le symbole ne

« satisfferait plus la raison ; si la foi n'aurait
« pas ses droits sur la nature humaine aussi
« bien que la science, en s'adressant à un autre
« côté de cette nature ; en un mot, si les reli-
« gions passant, la *religion elle-même* ne
« serait pas éternelle, soit comme objet de l'ima-
« gination et de l'intelligence, soit comme un
« objet du sentiment ? » M. Vacherot, malgré tous ces hommages et tant d'autres rendus par lui à la religion, considérée en dehors des croyances et des symboles historiques ; M. Vacherot n'a-t-il pas voulu aussi, comme les penseurs les plus religieux de l'Allemagne, n'être qu'un philosophe ; et loin d'avoir hardiment appliqué l'activité de son intelligence et la vigueur de son talent à l'œuvre latente, profonde, incessante devant aboutir à une grande transformation religieuse du monde moderne, n'a-t-il pas terminé son exposé analytique des systèmes et son étude psychologique sur la religion, par une *explication* qui pourrait paraître la négation de l'idée pour laquelle il semblait avoir pris la plume, et qui l'a fait accuser justement de contradiction par un célèbre théologien catholique, le P. Gratry ?

Dans une polémique récente (voir la *Revue*

des Deux Mondes du 1er mars) entre l'éloquent oratorien et l'ancien directeur de l'École normale, M. l'abbé Gratry reproche, en effet, à son ancien adversaire, mais sous une forme exempte, cette fois, de tout soupçon d'intolérance et de toute conséquence fâcheuse, non-seulement d'avoir commis de graves erreurs sur les textes et les préceptes évangéliques, mais de s'être contredit formellement sur la nature, l'origine et la destinée du sentiment religieux. Pour justifier ce reproche, le théologien catholique n'a eu besoin que de reproduire les phrases que nous avons empruntées plus haut à l'introduction du dernier livre de M. Vacherot, et de les mettre en regard des extraits de l'*explication* du même livre, qui enlèvent à la *religion*, prise dans le sens abstrait, la perpétuité dérivant de ses racines psychologiques, et la condamnent à disparaître plus ou moins prochainement, pour faire place à la *science* et à la *philosophie*, souveraines exclusives de l'avenir.

Voici, en effet, comment l'éminent philosophe que tout le monde, aussi bien que M. Gratry, a dû prendre, à son langage, pour un défenseur résolu du sentiment religieux, considéré comme inhérent à la nature humaine et partant impérissable, voici comment M. Vacherot explique la grande transformation religieuse qu'il annonçait à la veille de publier son livre :

« La foi religieuse s'en va; toute l'éloquence de nos théologiens, si bien secondés par nos philosophes spiritualistes, n'arrêtera pas l'irrésistible mouvement de l'esprit moderne qui l'emporte sans retour. Les rêveurs de religion nouvelle ont beau tourner leurs regards vers l'Orient, vers l'Occident, vers tous les points de l'horizon pour interroger les signes des temps; nulle foi religieuse nouvelle ne viendra prendre la place de l'ancienne dans les grands foyers de la civilisation universelle. *Le christianisme n'a qu'un héritier possible,* LA SCIENCE ET LA PHILOSOPHIE. »

Ainsi, c'était la disparition complète de la *foi religieuse* que M. Vacherot entendait par *transformation religieuse*. Il faut avouer que ce sous-entendu, comme le fait remarquer M. l'abbé Gratry à son adversaire, était difficile à pénétrer, à travers toutes les indications en sens contraire qui abondent, non-seulement dans l'*introduction* du livre sur la religion, mais encore dans les deux chapitres, non moins significatifs, intitulés : *Méthode historique*, *Méthode psychologique*.

L'auteur de ce livre a-t-il compris cette difficulté de conciliation entre les divers passages qui lui étaient opposés? On le croirait, en voyant M. Vacherot, au lieu de répondre au reproche de contradiction qui lui a été adressé d'une manière si précise et si formelle pour avoir invoqué et dénié, tour à tour, la nécessité et la perpétuité du sentiment religieux, éluder la question ainsi posée sur le terrain des généralités, en dehors des institutions religieuses du passé, et s'appliquer à faire porter ce reproche sur ce qu'il aurait parlé diversement du christianisme selon qu'il se serait agi de lui faire une belle place dans l'histoire ou de lui en refuser une dans l'avenir. « Faut-il donc expliquer à M. Gratry, dit-il, comment on peut comprendre, admirer, aimer les choses du passé, sans en vouloir la conservation ou la restauration pour l'avenir? »

Mais ce n'était pas à propos des choses du passé, au sujet des dogmes, des préceptes ou de la destinée du christianisme et d'aucune des religions positives connues jusqu'à présent, que M. Gratry avait signalé la contradiction capitale à laquelle nous regrettons que M. Vacherot n'ait pas répondu directement et nettement.

Le sentiment religieux est-il réellement inhérent à la nature humaine, et, par conséquent, aussi durable que l'humanité, ou bien n'est-il qu'accidentel et périssable comme les formes qu'il a revêtues jusqu'ici, et faut-il se résigner à le voir disparaître comme incompatible avec la science et la philosophie, directrices suprêmes et exclusives désormais, du monde intellectuel et du monde moral?

Eh bien, c'est sur cette double question que le théologien catholique a reproché au philosophe académicien de s'être contredit, en soutenant dans le même livre le pour et le contre.

L'accord que nous avons signalé précédemment (voir l'*Opinion nationale* du 16 novembre 1868) entre la croyance de M. Vacherot et la nôtre sur l'*Être universel infini, en qui se confondent le principe, la substance et la fin des êtres*, et que les hommes *ont salué du nom de Dieu;* cet accord nous incite à rechercher si la pensée religieuse dont cet écrivain a rendu, dans tous ses ouvrages, d'aussi éclatants témoignages, a été vraiment et irrévocablement reniée par lui dans les quelques lignes où il a proclamé l'avénement de la science et de la philosophie au gouvernement des intelligences et des âmes.

Nous ne pouvons pas oublier que nous avons cité, il y a peu de mois, à cette même place, un article de M. Vacherot inséré dans la *Revue des Deux Mondes*, le 15 juin 1868, et dans lequel, loin de prétendre que la suprématie désormais irrévocable de la science, impliquât la disparition définitive de la religion, il s'attachait à démontrer que les dogmes fondamentaux de toute théologie, l'existence de Dieu et tous les attributs essentiels de la nature divine, pouvaient se concilier avec les exigences souveraines de la philosophie moderne et trouver un solide appui dans la sanction scientifique.

« Pour savoir, disait-il, ce qu'est cet infini, cet absolu, que l'idéalisme et le spiritualisme cherchent chacun à sa manière dans une abstraction, *il semble qu'il n'y ait rien de mieux à faire que de s'adresser à la science positive.* Elle nous en révèle tous les jours de plus en plus les *vrais attributs*, qu'il ne faut pas confondre avec les attributs que la conscience nous montre dans notre propre nature, sous peine de méconnaître *la majesté de la nature divine;* elle nous en fait voir *l'unité, la bonté, la sagesse, la* PROVIDENCE, *se manifestant par l'harmonieuse et progressive évolution des puissances contenues dans son sein.* »

Après une profession de déisme si formellement placée sous l'autorité de la science, on conçoit difficilement que son auteur ait voulu, au nom de cette science si jalouse de régner seule, refuser à l'avenir toute foi religieuse. Évidemment, il y a ici un malentendu. Quand M. Vacherot, s'occupant de l'état religieux de l'avenir, dit dans sa conclusion, qu'en comparant le peuple de nos sociétés modernes à celui des sociétés anciennes, l'historien ne peut méconnaître que le niveau de la raison populaire ne se soit élevé, et qu'il n'en est plus au point de ne pouvoir se passer de l'*enseignement symbolique*, n'est-on pas autorisé à croire que c'est moins du sentiment religieux lui-même que des anciens symboles de toutes les religions connues, que l'éminent philosophe a entendu prédire la complète disparition devant la science? Les lignes suivantes, qui viennent immédiatement après celles dont nous reproduisons le texte plus haut, nous semblent justifier cette présomption :

« Grâce à la diffusion des notions scientifiques, dit M. Vacherot, l'intelligence des masses est ouverte aujourd'hui à bien des choses qu'elle ne pouvait comprendre autrefois. Mais la philosophie moderne a conçu un idéal humain plus riche et plus large que l'idéal stoïcien, plus conforme aux sentiments de la nature humaine et aux besoins légitimes de la vie actuelle. C'est cet idéal avec lequel il faut de bonne heure familiariser la conscience populaire par un enseignement qui le reproduise sous toutes les formes accessibles à son *imagination* aussi bien qu'à sa *raison*. »

M. Vacherot admet donc que l'imagination pourra fonctionner encore utilement dans l'homme à côté de la raison, et enfanter même de nouveaux symboles, des symboles vivants dont on ne fera plus des *saints*, à la vérité, comme dans les antiques légendes et les écritures sacrées, mais que l'histoire appelle ses *héros*, ses *sages* et ses *martyrs*.

Ainsi l'enseignement symbolique lui-même, accessible à l'imagination comme à la raison, ne disparaîtra pas plus que le sentiment religieux, sous la pression irrésistible de la science; il ne fera que se modifier.

Et comment M. Vacherot, qui est fier sans doute de s'être élevé à la plus haute conception de la nature divine, quand il a reconnu, au flambeau même de la science, l'*unité*, la *bonté*, la *sagesse*, la *providence* de l'être infini, absolu, en qui se confondent le principe, la substance et la fin de tous les êtres finis; comment M. Vacherot, après avoir constaté ce progrès de la raison humaine dans la connaissance de Dieu, dégagée de tout vestige d'anthropomorphisme, c'est-à-dire dans l'aperception de la vérité fondamentale de l'institution religieuse; comment aurait-il pu faire consister ce progrès dans l'anéantissement même de la religion? Il y a là, nous le répétons, quelque malentendu sur lequel nous croyons utile de revenir dans un dernier article.

TROISIÈME ET DERNIER ARTICLE

10 mai 1869.

Dans l'ordre des faits et des institutions qui correspondent, en principe, à un besoin permanent des sociétés humaines, il est vrai de dire qu'*on ne détruit bien que ce qu'on remplace.* — C'est un vieil adage dont la justesse, incessamment vérifiée, nous frappe d'autant plus aujourd'hui que le criticisme révolutionnaire, fort habile à démolir, ne se hâte pas de reconstruire et de combler par là le vide que la philosophie et la science laissent dans la conscience humaine et dans les nécessités sociales, par les coups mortels qu'elles portent aux anciennes doctrines plus ou moins marquées du sceau de la superstition.

Il ne faut pas s'y tromper, les obstacles que l'esprit de progrès rencontre sans cesse devant lui, les déceptions qu'il a subies trop fréquemment à la suite de ses plus éclatants triomphes; la prolongation indéfinie de nos luttes politiques, après tant de révolutions qui devaient les clore; tout cela tient à ce qu'on n'a rien mis à la place de la foi mourante, dont l'esprit rétrograde tirait sa puissance et tire encore le peu de force qui lui reste. A défaut de nouvelles affirmations, en effet, conciliables avec la science, il est naturel que le règne des idées négatives, quoique fermement établi en théorie, ne puisse empêcher qu'on ne perpétue, en pratique, dans les habitudes routinières du monde moderne, l'empire des vieilles croyances, inséparables des préjugés et des abus dont ce monde se croit et se proclame d'ailleurs pleinement affranchi.

Courage donc, dirons-nous aux philosophes bien convaincus de l'inhérence du sentiment religieux à la nature humaine, et par conséquent de l'influence sociale et de l'importance politique des dogmes. Courage ! Quand on a démontré, par la méthode des sciences positives, les fondements psychologiques des aspirations religieuses ; quand on a reconnu en même temps par la méthode historique combien les idées et les formes, les théologies et les cultes, enfantés par ces aspirations innées, ont exercé d'empire sur les nations, il n'est pas possible que, parvenu à cette hauteur philosophique, le libre penseur se réduise au rôle de simple observateur, et qu'il s'accommode parfaitement du maintien provisoire des antiques institutions qu'il sait être contraires au mouvement ascendant des sociétés modernes, au lieu de consacrer toute son activité intellectuelle et morale à presser la venue et à seconder l'établissement d'institutions plus conformes aux besoins du présent et de l'avenir, et seules capables d'achever la ruine de leurs devancières, dont l'esprit plus ou moins superstitieux et toujours dominateur, quoique sénile, profite du défaut de successeur pour garder la direction des consciences.

M. Vacherot s'est fait remarquer, il y a longtemps, parmi les hardis penseurs, dégagés de tout exclusivisme spiritualiste ou matérialiste et de toute prévention sceptique touchant les liens étroits du principe religieux avec la nature humaine. Mais, tout en paraissant admettre, dans sa pleine indépendance et sa haute impartialité, la possibilité, pour ne pas dire l'opportunité d'une religion nouvelle, appropriée à la fois aux propensions natives de l'homme et aux exigences de la raison moderne, il regarde le saint-simonisme, qu'il croit mort, comme la dernière tentative de création religieuse pour le monde civilisé, « tant il faut de courage, dit-il, et de naïf enthousiasme pour braver à ce point le tempérament tout scientifique et si positif de nos sociétés modernes. »

Mais les sources du courage et de l'enthousiasme se sont-elles taries dans le sein de l'humanité à mesure qu'elle s'éclairait davantage ?

Les progrès de la raison et de la science consisteraient-ils donc à annuler ou à subalterniser dans l'homme l'une de ses facultés les plus puissantes et les plus fécondes, et à étouffer en lui le germe de ses plus nobles et de ses meilleures inspirations?

Heureusement, le monde moderne, quelque scientifique et positif que soit son tempérament, n'en est pas là encore et n'y viendra jamais, sans doute. Si le sentiment religieux a ses racines dans la psychologie; s'il tient essentiellement à la nature humaine, et s'il ne trouve plus de solution satisfaisante pour les grands problèmes de l'origine et de la fin de l'homme dans les religions existantes, il saura bien échapper à l'absolutisme de la raison et de la science, et faire reconnaître son titre primordial et sa permanence virtuelle sur ses superbes rivales, en se présentant à elles avec un idéal et sous une forme qui ne provoquent plus de leur part ni sarcasme, ni démenti, ni révolte.

On soutient, il est vrai, dans les écoles spiritualistes, ce dont l'athéisme s'accommode fort bien; on soutient que tout accord du rationalisme positiviste avec l'instruction religieuse est impossible, parce qu'il n'y a pas de religion sans foi à une révélation, c'est-à-dire sans le concours du *surnaturel*.

Que les conservateurs de l'anthropomorphisme traditionel et les adversaires de toute croyance religieuse ne veuillent pas admettre qu'une religion puisse s'établir et se perpétuer sans idées révélées, sans l'appui du merveilleux et sous le contrôle de la science, ils ne font que suivre logiquement la voie où la superstition et l'incrédulité se rencontrent toujours aux époques de transition. Mais les philosophes qui, après s'être affranchis du joug des écritures sacrées de l'antiquité et du moyen âge, ont su se préserver de la contagion du septicisme absolu et s'élever à une conception de la nature divine, inaccessible aux dénégations de la raison humaine; ceux qui, comme M. Vacherot, ont dit s'être adressés à la science positive elle-même pour connaître les vrais attributs de cette nature divine dont ils ont pu voir « l'unité, la bonté, la « sagesse, la providence, se manifestant par « l'harmonieuse et progressive évolution des « puissances contenues dans son sein; » ceux qui ont ainsi proclamé ou reconnu l'existence du vrai Dieu, scientifiquement expliquée, peuvent-ils sans contradiction déclarer que « nulle « foi religieuse nouvelle ne viendra prendre la « place de l'ancienne dans les grands foyers de « la civilisation universelle ? »

Mais ne serait-ce pas le plus révoltant des blasphèmes que de prétendre que l'humanité, parvenue, en se civilisant, à une connaissance de Dieu pure de tout mélange superstitieux, aurait, par cette évolution progressive de l'idée religieuse, tué la religion, au lieu de la relever ? Le sentiment religieux ne s'épurerait-il donc que pour disparaître ?

Non, la divinité, parce qu'elle sera mieux comprise dans l'unité de son essence infinie et dans l universalité de ses manifestations harmonieuses, ne cessera pas pour cela d'obtenir les hommages du genre humain. Non, il ne sera pas dit que le culte des dieux, sortis de l'imagination et de l'ignorance des sociétés antiques, aura épuisé tous les trésors d'amour et tous les signes d'adoration pour la glorification de la nature divine plus ou moins méconnue et défigurée dans le passé, et qu'il ne restera plus rien de ces signes et de ces trésors pour le culte du vrai Dieu, qu'un sentiment impérissable, d'accord avec la raison et la science, aura pourtant commandé de reconnaître.

La foi à ce Dieu incontestable ne saurait être moins sûre d'elle-même, ni moins entraînante, ni moins expansive, ni moins exigente, ni moins jalouse de se manifester et de se satisfaire par des actes solennels, que ne le fut pendant tant de siècles la foi à des divinités qui n'ont pu être discutées sans provoquer un débordement d'incrédulité, dont les ravages, anciens ou modernes, ne sont pas près de finir.

Évidemment, les institutions religieuses du passé, destinées à représenter, à propager et à perpétuer des dogmes révélés, ne devront pas se reproduire, se retrouver dans les formes que pourra revêtir un avenir religieux où l'imagination ne fonctionnera avec succès que sous la réserve de ne pas contredire la raison et de rester dans le domaine des inductions tirées de l'observation scientifique, afin d'éviter l'obscurité des révélations, et de ne pas tomber dans l'abîme des impossibilités du surnaturel.

Mais que seront-elles donc les formes nouvelles que le sentiment religieux, indestructible et inépuisable, pourra faire accepter aux socié-

-és modernes, sous le sceau de la civilisation universelle?

Il n'y a plus de prophètes en relation directe et particulière avec une personnalité divine pour nous le dire. Mais les institutions pas plus que les hommes, ne manquent, selon le mot de Montesquieu, aux circonstances. La théologie épurée aura ses symboles aussi bien que les théologies révélées; elle leur donnera seulement un caractère conforme à leur origine, c'est-à-dire tel que le comportera la foi rationnelle qui aura prévalu sur les croyances aveugles.

Dans quelques siècles peut-être rien n'existera de ce que le préjugé fait considérer aujourd'hui comme étant éternel dans la plupart des religions et des sectes répandues sur le globe, et le seul culte florissant alors pourra être celui du Dieu, *en qui se confondent,* selon les expressions mêmes de M. Vacherot, *le principe, la substance et la fin des êtres.* Déjà l'existence de ce Dieu n'est-elle pas assez solidement établie dans le monde philosophique pour faire prévoir qu'elle passera bientôt dans le domaine religieux?

M. Vacherot présume avec raison que le sentiment qu'il exprime sur l'être infini est aussi celui de nos savants (1) et beaucoup de nos philosophes pour lesquels *toute théologie qui brave le temps et l'espace est inintelligible.* Comment n'en serait-il pas ainsi? Ce ne sont pas seulement les logiciens rigoristes du rationalisme qui exigent même pour l'essence divine les conditions nécessaires de l'existence. Les théologiens catholiques ou protestants qui ne veulent pas perdre toute autorité sur le monde moderne, dans la discussion des grands problèmes philosophiques ou religieux, ont soin de s'exprimer de manière à ne pas laisser supposer qu'ils conçoivent Dieu en dehors du temps et de l'espace.

L'illustre contradicteur de M. Vacherot, M. l'abbé Gratry lui-même, ne nous semble pas penser sur ce point fondamental autrement que nos savants et nos philosophes. Loin d'isoler Dieu de l'univers, de la *sphère infinie dont le centre est partout*, comme dit Pascal, *et la circonférence nulle part*, il professe formellement dans un de ses écrits (*les Sources*) que Dieu n'est pas seulement pour nous l'éternel, l'immobile, l'absolu,

1. Voir une lettre remarquable de M. Berthelot à M. Renan, sur la *Science idéale* et la *Science positive*. (*Revue des Deux Mondes*, 15 novembre 1863.)

l'invisible ; qu'il est aussi le Dieu vivant, présent, aimant et souffrant dans l'humanité (page 33) ; qu'il est l'amour infini, la sagesse, la vie infinie, libre, intelligente, personnelle, en qui nous sommes, en qui nous mourons, en qui nous respirons (page 34).

Si cette théologie se rapproche beaucoup des idées que M. Vacherot a exposées sur la nature divine et qu'il présume, non sans raison, être partagées par nos savants et nos philosophes ; si elle exprime à peu près la même chose que la doctrine saint-simonienne, il ne faut pas croire toutefois que l'auteur des *Sources*, dans les quelques lignes que nous venons de lui emprunter, se soit trop éloigné, sinon des dogmes que Constantin fit prévaloir à Nicée, du moins de la doctrine primitive du christianisme sur la divinité. Saint Jean, dans l'Évangile, ne présente-t-il pas le monde comme l'incarnation du Verbe divin ? et saint Paul ne dit-il pas dans son épître aux Romains : *tout est de lui, tout est par lui, tout est en lui ?*

Mais, malgré leur conversion au christianisme, les peuples anciens restèrent encore assez sous le joug des traditions polythéistes ou hébraïques pour que le Dieu de Jésus, de saint

Jean, de saint Paul et des premiers pères, demeurât méconnaissable et comme perdu au milieu des vestiges de l'anthropomorphisme païen et du surnaturalisme biblique, au point de faire prendre pour des novateurs téméraires et impies des penseurs qui ont osé confesser leur foi à ce vrai Dieu. Et ces traces du judaïsme et du paganisme, dans les dogmes et dans les pratiques du christianisme, ont retardé non-seulement l'heure de la pleine vérité dans la théologie, mais aussi la venue de la pleine justice et de l'égalité proportionnelle aux mérites et aux services ; dans les institutions sociales et politiques.

Le monde moderne a beau se glorifier du progrès des lumières, et se montrer fier de ne plus croire aux légendes fabuleuses et aux révélations surnaturelles, tant que la libre pensée ne se traduira pas en actes et que le culte du seul Dieu dont les philosophes et les savants ne puissent nier rationnellement l'existence, n'aura pas remplacé les anciens cultes, les conceptions dogmatiques d'origine merveilleuse, sous l'empire desquelles se sont établis et développés l'esclavage, le servage et toutes les formes de l'exploitation de l'homme par l'homme, les vieilles idées religieuses, en un mot, quoique ruinées et condamnées par la science comme mêlées de superstition, gardant toujours le privilége et le prestige d'une solennisation spéciale, dans les églises, les temples, les synagogues, les mosquées, etc., devront perpétuer logiquement leur influence, dans la morale, la législation et le gouvernement des États républicains ou monarchiques.

Si donc nulle foi religieuse nouvelle, appropriée aux découvertes de la science, n'était possible dans l'avenir, ainsi que le prononce M. Vacherot, nulle institution nouvelle dans l'ordre social ou politique, bien que nécessitée par les aspirations des peuples, ne pourrait non plus s'établir solidement, puisqu'il lui manquerait le concours du sentiment religieux et d'une croyance commune, c'est-à-dire ce qui a contribué le plus puissamment, jusqu'ici, à l'affermissement et à la durée des institutions humaines.

Heureusement l'arrêt rendu un peu légèrement peut-être par M. Vacherot, en faveur de la science contre la religion, n'est pas irrévocable. « Les savants, dit Edgar Quinet, ont aussi leur chimère ; ils se figurent que la science remplacera prochainement la religion. C'est mal connaître l'homme. La religion et la science se rapprocheront indéfiniment; elles ne se confondront jamais... Ballotté de la naissance à la mort, dans ce berceau qu'on appelle la vie, l'homme puisera dans cet inconnu des merveilles qui ne tariront pas : il y aura toujours des questions auxquelles la science ne pourra répondre. Ce mystère formera le fond inépuisable des religions futures. »

Ajoutons seulement qu'à l'avenir l'imagination de l'homme, en s'exerçant dans le domaine de l'inconnu et du mystère, devra, pour faire accepter et prospérer ses créations nouvelles, veiller à ce qu'il ne s'y introduise rien qui provoque une protestation légitime de la raison ou un démenti de la science. Sous cette réserve, un champ libre et vaste encore reste à la religion pour donner satisfaction à un sentiment essentiel à la nature humaine; et ce ne sera pas en vain, comme le craint M. Vacherot, que la science et la philosophie se seront efforcées d'expliquer que c'est seulement le Dieu de l'imagination (égarée dans la superstition) que perd l'humanité et qu'au-dessus des régions célestes où ce Dieu faisait sa décevante apparition, le vrai Dieu se laisse apercevoir dans le pur éther de la pensée. Si, comme le dit ensuite ce philosophe, le monde s'attriste de cette révélation de la raison, même le monde des sages, n'oublions pas que ce monde éprouva autrefois une pareille tristesse, qu'il s'effraya jusqu'à se croire menacé d'une fin prochaine, parce que ses dieux s'en allaient devant un nouveau Dieu qu'il prenait pour une simple abstraction, sans valeur et sans portée religieuse, et de laquelle il devait faire pourtant la base de sa religion future.

Les *sages* aussi s'alarmèrent alors, et taxèrent d'extravagance et de folie les propagateurs de la foi nouvelle. Festus fut l'organe de la Sagesse antique dans l'interrogatoire qu'il fit subir à saint Paul, dont tant de siècles ont vérifié la réponse prophétique. Les sages de Jérusalem, d'Athènes et de Rome, qui ne voyaient pas des fous dans les premiers chrétiens, leur reprochaient du moins de ne former qu'*une secte de philosophes* (Chateaubriand, *Génie du Christianisme*, liv. 6), *sans statues, sans temples, sans autels ni sacrifices*, tandis que les fanatiques juifs ou païens leur couraient sus au cri de : *A bas les athées!*

Pour les sages comme pour les fanatiques, il n'y avait plus de religion possible après celle que le monde connaissait et pratiquait. La philosophie, assimilée à l'athéisme, devait être la seule héritière des dieux d'Homère et du Dieu de Moïse. Les augures qui ne pouvaient plus se regarder sans rire, et les esprits forts qui s'accommodaient dans la vie publique de la persistance des superstitions dont ils se moquaient au fond de l'âme, étaient d'accord en ce point. Le Dieu *inconnu* de saint Paul, le Dieu dont le grand apôtre avait dit : *Tout est de lui, tout est pour lui, tout est en lui*, était repoussé comme une chimère et une impiété. Quel culte, quelle religion aurait pu sortir de là, au dire des sages !

Cependant, il ne fallut que l'inspiration naturelle de quelques hommes, leur élévation à la connaissance de ce Dieu inconnu, leur foi ardente et féconde, pour faire accepter au monde une religion, une morale et un culte nouveaux. Cette grande transformation ne s'accomplit, il est vrai, qu'au moyen de larges concessions faites aux anciennes croyances par les successeurs des apôtres, obligés, comme nous venons d'en faire la remarque, de compter avec les préjugés populaires et avec les intérêts temporels des classes régnantes.

Le Dieu inconnu fut relégué dans le *pur*

éther de la pensée, et son règne sur la terre se trouva ajourné à la venue de l'esprit de vérité. On le tint caché derrière les débris de la mythologie et de la Bible, pour laisser toujours en évidence le Dieu des armées, Mars ou Jéhovah, et l'on parvint à rassurer et à gagner les maîtres du monde, et toutes les supériorités sociales qu'effrayait l'application des principes démocratiques de l'Évangile, en proclamant que le royaume de Dieu n'était pas de ce monde, et qu'il fallait rendre à César ce qui est à César.

Maintenant, parce que cette capitulation, imposée à la vérité, a fait son temps, et qu'il devient de plus en plus possible de contempler le dieu de Jésus, de saint Jean et de saint Paul dans sa magnificence infinie, sans plus craindre les voiles d'aucune superstition, est-il raisonnable de croire que cette contemplation demeurera solitaire, individuelle, stérile et qu'elle n'amènera pas pour ce dieu, mis en pleine lumière, des actes de foi et d'adoration des hommes religieux au moins aussi éclatants que ceux qu'on obtint pour lui en le voilant par nécessité transitoire?

Dès que le sentiment religieux est reconnu permanent, il est impossible qu'il n'ait pas son expression solennelle dans l'avenir comme dans le passé. M. Vacherot le reconnaît implicitement lui-même, quant, après avoir dit que la philosophie moderne a conçu un idéal humain plus riche et plus large que l'idéal antique, plus conforme aux sentiments de la nature humaine et aux besoins légitimes de la vie actuelle, il ajoute :

« C'est cet idéal avec lequel il faut, de bonne heure, familiariser la conscience populaire par un enseignement qui le reproduise sous toutes les formes accessibles à son *imagination* aussi bien qu'à sa *raison*. Ce sera le Christ de l'avenir, Christ éternel, dont la pure et immatérielle essence se représente sans cesse, sans s'y confondre jamais, dans ces symboles vivants que l'histoire appelle ses héros, ses sages et ses martyrs. Une pareille révolution n'a besoin que du temps pour s'accomplir. »

Nous le croyons et l'espérons comme M. Vacherot. Mais cette révolution, qui renouvelle l'idéal humain pour le familiariser avec la conscience populaire par l'enseignement, pour donner satisfaction à l'*imagination* aussi bien qu'à la *raison*, cette révolution qui s'accomplit sous l'empire de la foi à l'unité, à la bonté et à la providence de l'Être infini, nous apparaît bien plus comme une grande transformation religieuse que comme la fin de toute religion, comme l'avénement de la science à la direction suprême et absolue des sociétés humaines.

L'idéal de M. Vacherot ne sera pas la répétition de l'idéal antique, mais il en sera l'analogue. Il émanera toujours du domaine de l'imagination, mais il ne se jettera dans l'inconnu que sous la tutelle de la raison. Si nos savants et nos philosophes ne veulent pas lui attribuer le caractère religieux, peu importe le nom qu'ils lui donneront ; le nouvel idéal n'en représentera pas moins ce que représente aujourd'hui le mot *religion*. Il exprimera la pensée actuelle des peuples les plus avancés en civilisation sur la nature de Dieu, la destinée de l'homme et le développement progressif de l'universelle et perpétuelle création.

LAURENT (de l'Ardèche).

Paris-Imp. PAUL DUPONT, 41, rue Jean-Jacques-Rousseau. 3314

www.ingramcontent.com/pod-product-compliance
Ingram Content Group UK Ltd.
Pitfield, Milton Keynes, MK11 3LW, UK
UKHW012202240726
13966UKWH00002B/531